CAIO RITER

A FORMAÇÃO DO LEITOR LITERÁRIO EM CASA E NA ESCOLA

SÃO PAULO — 2025

BIRUTA

COPYRIGHT© CAIO RITER

PROJETO GRÁFICO: CASA REX
REVISÃO: ADRIANO ANDRADE
COORDENAÇÃO EDITORIAL: EDITORA BIRUTA

1ª EDIÇÃO — 2009
4ª REIMPRESSÃO — 2025

Dados Internacionais de Catalogação na Publicação (CIP)
(Câmara Brasileira do Livro, SP, Brasil)

Riter, Caio
    A formação do leitor literário em casa e na escola / Caio
Riter — São Paulo: Biruta, 2009

    Bibliografia
    ISBN 978-85-7848-036-3

    1. Leitores 2. Leitura 3. Leitura – Estudo e ensino
    4. Literatura I. Título.

09-09682   CDD – 370

    Índices para catálogo sistemático:
1. Formação de leitores: Educação 370

EDIÇÃO EM CONFORMIDADE COM O ACORDO ORTOGRÁFICO DA LÍNGUA PORTUGUESA.
TODOS OS DIREITOS DESTA EDIÇÃO RESERVADOS À
Editora Biruta Ltda.
Rua Conselheiro Brotero, 200, andar 1-A
Barra Funda CEP: 01154-000
São Paulo SP Brasil
Tel.: (011) 3081-5739 | (011) 3081-5741
E-mail: contato@editorabiruta.com.br
Site: www.editorabiruta.com.br

A reprodução de qualquer parte desta obra é ilegal e configura uma apropriação indevida dos direitos intelectuais e patrimoniais do autor.

SUMÁRIO

EM CASA 9

1 - TEMPO DE OUVIR HISTÓRIAS. E DE OUTRAS ARTES TAMBÉM. 11

2 - TEMPO DE CONTAR HISTÓRIAS. E ALGO MAIS. 33

NA ESCOLA 47

1 - TEMPO DE FORMAR LEITORES. 49
AS TRÊS FACES DO PROFESSOR FORMADOR DE LEITORES
REPENSANDO A METODOLOGIA: ROTEIROS DE LEITURA

PALAVRAS FINAIS 95

BIBLIOGRAFIA 99

PARA FORMAR CIDADÃOS CRÍTICOS E INDEPENDENTES, DIFÍCEIS DE MANIPULAR, EM PERMANENTE MOBILIZAÇÃO ESPIRITUAL E COM IMAGINAÇÃO SEMPRE INQUIETA, NADA MELHOR QUE AS BOAS LEITURAS.
MARIO VARGAS LLOSA

CARO PROFESSOR DE LÍNGUA PORTUGUESA E LITERATURA

A QUEM CABE A FORMAÇÃO DO LEITOR LITERÁRIO? A RESPOSTA MAIS IMEDIATA e óbvia será – à escola. E a escola aceitou este papel.

Mas no caminho até o portão da escola, por onde andaram os meninos e as meninas? Que brincadeiras brincaram, que desafios enfrentaram, que histórias ouviram, que medos viveram, que descobertas enfim pautaram o caminho desses meninos na formação de leitores do mundo?

Este é o diálogo que o professor e escritor Caio Riter propõe ao leitor-professor, ao retomar suas memórias de criança.

É possível que muitos de nossos alunos cheguem à escola com muitas histórias pra contar, mas também é possível que muitos não tenham tido a companhia de adultos contadores de história, cantadores, capazes de brincar. É muito possível também que aquele espaço de rua onde se reunia a criançada sempre inventiva e cheia de conversas tenha desaparecido e nada se tenha colocado em seu lugar. A televisão? Bem, as histórias que conta a televisão mesmo que divertidas podem estimular a imaginação, mas inibem a troca.

A função de formar leitores foi então, mais que nunca, delegada à escola. Cabe aos professores despertar em seus alunos a "capacidade de maravilhamento com uma rima, com uma construção de frase, com a beleza que as palavras, muitas vezes recriadas ou usadas num sentido não literal, podem propiciar". (Caio Riter – *A formação do leitor literário em casa e na escola*).

Não é uma tarefa das mais simples e, segundo os estudos e pesquisas, a escola não tem correspondido, uma vez que os alunos que saem do ensino fundamental, em sua maioria, não são leitores e sequer compreendem os textos que leem.

Se essa afirmação é verdadeira, e tudo indica que sim, uma das possibilidades de revertê-la será apostar em metodologias diferenciadas, adequadas a todas as etapas do ensino.

Neste livro o professor encontrará sugestões para repensar as metodologias em sua prática de ensino.

Mas para além das metodologias, o autor reflete sobre o perfil do professor capaz de formar leitores e entende que as possibilidades de sucesso crescem quando é um contador de histórias, um guia de seus alunos em atividades na biblioteca e um orientador da leitura.

O professor, antes de tudo, será também um apaixonado pela leitura.

Eny Maia

EM CASA

I. TEMPO DE OUVIR HISTÓRIAS. E DE OUTRAS ARTES TAMBÉM.

UMA CRIANÇA SEM LIVROS É O PRENÚNCIO DE UM TEMPO SEM IDEIAS.
MARIA DINORAH

NÃO NASCI EM UMA FAMÍLIA LEITORA. PELO MENOS NÃO EM UMA FAMÍLIA convencional de leitores, do tipo que se imagina quando tal ideia vem à mente: biblioteca farta, momentos de leitura em conjunto, saraus na sala, livros espalhados pela casa, livros e mais livros, sempre.

Não, minha família não era, e nem nunca foi, o estereótipo de família leitora. Nem biblioteca tínhamos. Sequer uma estante com livros para a criançada ler.

Aliás, tive poucos livros em minha infância.

Mas tive uma mãe contadora de histórias.

E mães (pais também) contadores de histórias são verdadeiras dádivas na vida de seus filhos. À noite, sobretudo à noite, um universo de histórias assombrosas, daquelas de meter medo, ia sendo desenrolado diante de meus ouvidos e de meu coração temeroso e, ao mesmo tempo, maravilhado. Lobisomens, mortos-vivos, mulas sem cabeça, vampiros, todos se tornavam possibilidade no momento em que minha mãe dizia: *Psiu, vou contar uma história. Era uma vez, uma jovem que foi degolada pelo namorado lá no alto do morro.* E, ali, diante de meu olhar assombrado, a Maria Degolada ia se materializando em seu vestido branco, molhado de sangue.

Tudo era medo e fascínio. Eu pedindo mais e mais narrativas.

E havia histórias que ela afirmava terem ocorrido com ela mesma; minha mãe se tornando testemunha daquele tanto de mistério e de pavor que o mundo esconde em suas dobras.

Quando eu era bem menina, dizia ela e sua voz tomava o ritmo das lendas, respiração meio suspendida pelo tanto de terror do que ia ser contado. E prosseguia: *eu e a tia de vocês, que vocês nem conheceram, pois ela morreu muito jovem, era doentinha a pobrezinha, estávamos dormindo no mesmo quarto, na mesma cama (que minha família não tinha muitas posses e também a Eulália estava adoentada, eu é quem tinha que zelar pela saúde dela). Pois era noite, lá pela meia-noite, eu acho, quando um ruído de coisa dura raspando no chão me fez acordar. Abri os olhos. Minha irmã ressonava tranquila. Olhei para a porta e foi, então, que vi.*

Havia lá, parado, uns olhos meio de fogo, brilhosos, olhando para mim e para a tia de vocês, um homem. Era alto, parecia forte, dentro da capa que escondia seu corpo, deixando apenas a cabeça de fora.

Ele sorriu um riso meio de gente má. Depois, acho que só pra me meter medo mais ainda, tirou o chapéu. Então eu vi, juro que vi. Ele tinha umas guampas enormes. Era o Diabo.

Tentei gritar, tentei chamar a minha irmã, mas a voz não saía, de jeito nenhum. Eu me sentia paralisada, como se estivesse morta. A mão não mexia, os braços, as pernas, nada. Só os meus olhos vidrados nos olhos daquele ser demoníaco. Mais nada.

Ele, então, se aproximou da cama. Vinha caminhando devagarzinho, senti que ele tinha vindo buscar a minha irmã, a pobre doentinha. Tentei gritar, chamar os avós de vocês, mas e a minha boca me obedecia? Que nada! Então, enquanto ele vinha vindo, eu olhei os pés dele. Não eram pés, eram cascos, como os de cavalo ou de boi. Ou de bode. Era o Demônio, o Coisa-Ruim, eu sabia. E contra ele, somente Deus, mais ninguém.

Foi assim, com esse pensamento, e com uma força tirada sei eu lá de onde que consegui levar a mão até meu rosto e fiz o sinal da cruz: Em nome do Pai, do Filho e do Espírito Santo.

Risquei o sinal sagrado e o Bicho sumiu numa nuvem de pó. No quarto, ficou um cheiro horrível de enxofre. Enxofre, explicava ela para mim e meus irmãos que a ouvíamos temerosos e fascinados, *é o pó do Demônio. Os seres do mal se alimentam de enxofre.*

Cresci ouvindo histórias como essa. Histórias que repito sempre em reuniões familiares e que conto, assim como minha mãe, como se verdade fosse. E até acho que é. Afinal, quem sou eu para duvidar das histórias de minha mãe.

Ainda hoje suas narrações são presença em mim, tornam-se histórias que narrei às minhas filhas, tornam-se matéria bruta para os textos que escrevo. Afinal, escrever tem um tanto de confissão e outro tanto das experiências vividas e das histórias escutadas ou lidas. Na essência de todo o verdadeiro escritor, deve pulsar um poço de tantas histórias mergulhadas que, quando menos se espera, vêm à tona.

E se livros poucos havia em minha infância, e se havia histórias de assombramento, existiam também as brincadeiras de roda, as cantigas, as quadrinhas, as parlendas, brincadeiras com as palavras, trocadilhos, assonâncias e aliterações, que enchiam minha mente de sons e minha boca de risos:

O peito do pé do Pedro é preto.
Quem disser que o peito do pé de Pedro é preto tem o peito do pé mais preto do que o peito do pé do Pedro.

E eu tinha que dizer bem rápido, mais rápido, as trocas de letras e de sons ocorrendo, a língua trancando, e o riso farto saindo. A leitura virando mera brincadeira sonora.

E se o *peito do pé do Pedro* era vencido, logo vinha desafio mais difícil de vencer: o tal do ninho de mafagafos.

Em um ninho de mafagafos
havia sete mafagafinhos;
quem amafagafar mais mafagafinhos
bom amagafanhador será.

E ficava eu treinando, treinando. Em minha mente, a imaginação tentava ver aqueles animaizinhos, chamados mafagafos, os quais eu jamais havia visto com olhos de concretude. Por que deviam ser animais, não? Afinal, estavam em um ninho. Quem faz ninho são pássaros, certo? Então, mafagafos são aves. Aves de sonho, de imaginação.

A fantasia proposta pelas palavras é bem assim: arregala olhares para o sonho nos corações infantis.

E havia tantos outros trava-línguas:

O tempo perguntou pro tempo
quanto tempo o tempo tem.
O tempo respondeu pro tempo
que o tempo tem tanto tempo
quanto tempo o tempo tem.

Ou:

Você sabia que o sábio sabiá sabia assobiar?

E ainda:

**O doce perguntou pro doce
Qual é o doce mais doce.
O doce respondeu pro doce
Que o doce mais doce
É o doce de batata-doce.**

Brincar com as palavras não é luta vã. Ao contrário, é condição essencial para fazer brotar em corações ainda ternos, ainda fechados aos preconceitos, o amor pela leitura, o desejo de descoberta. Lembro até hoje de algumas quadrinhas que embalaram minha criancice. Algumas delas, inclusive, eram cantigas, vinham acompanhadas de ritmo musical e, embora muitas vezes, abordassem temas diferentes do universo infantil (como traições, amores, desavenças...) não eram impeditivos para o prazer de enveredar naquele mundo de ritmo, de música e de poesia.

Pouco interessava ao Caio criança o conteúdo das letras, para ele, creio, interessava mais o que elas tinham de som e de brincadeira, seus conteúdos "adultos" entrando, sem que eu percebesse, em meu coração infante, ajudando-me, como propôs Betelheim[1] ao analisar os contos de fadas, a entender o mundo dos adultos e a enfrentar de forma mais sadia tais problemas ou dificuldades, quando elas surgissem em minha vida.

**O cravo brigou com a rosa
Debaixo de uma sacada
O cravo saiu ferido
A rosa, despetalada.**

**O cravo ficou doente,
A rosa foi visitar,**

---

[1] Bruno Bettelheim, em seu livro A psicanálise dos contos de fadas, analisa a importância que tais textos têm na construção de adultos saudáveis. Segundo o psicanalista, ler contos de fadas originais para as crianças auxilia-as no entendimento do mundo adulto, bem como na compreensão dos sentimentos que

O cravo teve um desmaio,
E a rosa pô-se a chorar.

Ou:

Atirei um limão verde
Por cima da sacristia,
Caiu no cravo e na rosa,
E na moça que eu queria.

Também:

Se quiser saber meu nome,
Dê uma volta no jardim,
Meu nome está escrito,
Na pétala do jasmim.

Nota-se nestas cantigas infantis temas "adultos", tais como a descoberta do amor, os impasses e desavenças amorosos, a reconciliação, o desejo pelo sexo oposto, a identidade. Assim, brincando, a criança vai se descobrindo e descobrindo o mundo que a cerca, bem como se preparando para os "dilemas" que terá pela frente em sua vida.

Lembro de uma brincadeira de roda, em que, de certa forma, recontávamos uma história de fadas com todos os seus elementos: o príncipe, a princesa, a bruxa, o feitiço, o castelo, a libertação.

Formava-se uma grande roda. Fora dela, duas crianças, representando o príncipe e a bruxa, dentro uma menina simbolizava a princesa encastelada (a maioria das meninas queria este papel para si, sempre havia disputa para se saber quem seria a princesa). A melodia, se não me falha a memória, era algo mais ou menos assim:

A linda rosa juvenil, juvenil, juvenil,
A linda rosa juvenil, juvenil.

(A menina-princesa no centro da roda ficava rodando feliz)

---

lhes invadem o interior, tais como ódio pelos pais e pelos irmãos, a morte, a sexualidade, entre outros. Mário Corso e Diana Corso, em As fadas no divã, ampliam tal discussão, analisando textos contemporâneos, tais como Harry Potter e o Ursinho Poo, além de histórias em quadrinhos. BETTELHEIM, 1980.

**Vivia alegre no seu lar,
no seu lar, no seu lar
Vivia alegre no seu lar,
no seu lar.**

(Neste momento, quem representava a bruxa, entrava na roda e começava a girar atrás da princesa)

**Um dia veio uma bruxa má,
muito má, muito má,
Um dia veio uma bruxa má, muito má.**

(A bruxa aproximava-se da princesa e colocava a mão sobre sua cabeça, girando em torno dela, que se abaixava no chão, simulando o tanto de mal que a bruxa lhe provocava.)

**E enfeitiçou a rosa assim,
bem assim, bem assim,
E enfeitiçou a rosa assim,
bem assim.**

**"Não hás de acordar jamais,
nunca mais, nunca mais,
Não hás de acordar jamais,
nunca mais."**

**O tempo passou a correr,
a correr, a correr,
O tempo passou a correr,
a correr.**

(Agora, a roda girava mais e mais depressa. Era o tempo voando)

**O mato cresceu ao redor,
ao redor, ao redor,
O mato cresceu ao redor,
ao redor.**

(Quem formava a roda, aproximava-se da princesa. Era o mato sufocando-a)

**Um dia veio um belo rei,
belo rei, belo rei,
Um dia veio um belo rei,
belo rei.**

(Quem representava o príncipe entrava na roda neste momento e passava a rodar em torno da princesa)

**E despertou a rosa assim,
bem assim, bem assim,
E despertou a rosa assim,
bem assim.**

(Os dois se erguiam e giravam de mãos dadas dentro da roda. Era o final da história e o final do rodar.)

E assim, íamos vivendo felizes para sempre. Sonho de toda a criança, sonho de todo o adulto.

Agora, vendo através do filtro da memória, vou percebendo na cantiga e na brincadeira da Rosa Juvenil uma estrutura narrativa muito próxima daquelas que tão famosas ficaram graças a autores como Charles Perrault, Irmãos Grimm e Hanz Christiam Andersen: os personagens heroicos, a bruxa maldosa, a repetição de elementos, o final harmonioso.

Brincávamos inocentes, gostávamos da melodia, da teatralização presente, com alguns incorporando o narrador e os elementos naturais (tempo, mato), outros se tornando os personagens: belo rei, rosa juvenil, bruxa má.

Estas brincadeiras, estas cantigas, muitas delas, a maioria, talvez, foram ensinadas por minha mãe. Nela, havia sempre o desejo da contação. Ela, em sua simplicidade, conversava com a cultura popular. Histórias de assombramento — talvez ouvidas por ela também quando criança — cantigas e adivinhas eram encantamento que jorravam de seus lábios, mal ela sentava em sua cadeira em frente ao portão. A gurizada ao redor, ansiosa por decifrar os enigmas que ela ia propondo. Eu, meio Édipo diante da Esfinge, agora sem o receio do devoramento.

**Eu no campo me criei,
Metida entre verdes laços,
Quem mais chora por mim
É quem me faz em pedaços.
Quem sou eu?[2]**

E logo vinham outras, caso essa fosse decifrada:

**O que é? O que é?
É magro pra chuchu,
tem dentes mas nunca come
e, mesmo sem ter dinheiro,
dá comida a quem tem fome.**

E:

**O que é uma casa com doze meninas.
Cada uma com quatro quartos,
todas elas usam meias,
nenhuma usa sapatos.**

Ou:

**Sete filhos tem a dama,
seis trabalham com ardor,
de manhã até à noite,
reza o sétimo ao senhor.**

    Creio que hoje vivamos carentes de seres contadores de histórias. Onde os avós, os pais, os professores de cujas bocas nascem narrações (adaptadas, inventadas, repetidas, isto não importa!)? Onde andam as vozes cantadoras de cantigas de ninar, de quadrinhas, de adivinhas? Onde?
    Certa vez, inquieto pela possível perda desta fabulosa tradição, produzi uma crônica, coração apertado pela nostalgia e, ao mesmo tempo, machucado pelo fluxo de correria da vida que cala muitas possibilidades de vozes. E, se morre uma fada, cada vez que uma criança diz não crer nelas; acredito que também morre um sonho, cada vez que lábios se fecham e aprisionam o bom de ouvir, de só ouvir, apenas o prazer de ouvir histórias.

---
[2] Respostas das adivinhas, na ordem em que estão propostas: cebola, garfo, relógio, semana.

MÃES CONTADORAS DE HISTÓRIAS

Ando pelas ruas, pelos parques de minha cidade. Observo nos pátios das escolas, nos recreios. Onde estão as brincadeiras de roda? As cantigas, as parlendas, os trava-línguas, as adivinhações? Mergulho nos dormitórios dos tantos condomínios e não vejo mães debruçadas sobre os leitos de seus pequenos a entoarem canções de ninar. Por onde anda o Boi da cara preta que pegava menino que tinha medo de careta? Onde o anel da Ciranda, que por ser de vidro se quebrou? Onde os chapéus que acenavam para Teresinha de Jesus?

Crianças não existem mais? Será preciso reinventá-las?

Minha mãe, ao cair da tarde, sentava-se na calçada em dias de verão. E eu e meus amigos a cercávamos para ouvirmos histórias de medo, em que seres do Além se tornavam protagonistas e nos enchiam de um medo tão sedutor, que, a cada fim, exigíamos — corpos paralisados, olhos no escuro da esquina, ouvidos escutando os sons do pavor — uma outra narrativa. De preferência, mais assustadora que a anterior. E não interessava se já a conhecíamos, o susto se renovava. Sempre.

Minha mãe, todavia, não apenas gastava aquelas últimas horas do dia como contadora de histórias. Gastava-as também com desafios. E o maior deles, a brincadeira do "Chefe-manda", era instituído através de um ritual. Bastava ela gritar a primeira fala: "Bento que é bento?", para que nos perfilássemos, sabedores que éramos de que tarefas impossíveis seriam dadas. E aqueles que não as executassem, ou as fizessem por último, receberiam bolinhos: alguns tapinhas na palma da mão, a qual estendíamos sem medo, cientes de que devíamos pagar tal prenda.

Minha mãe:

— Bento que é bento?

Nós:

— Frade.

Ela:

— Na boca do forno?

Todos nós:

— Fogo.

Ela, de novo, com olhos de expectativa sobre nós, aguardando a resposta:

— Soubesse mandar?

A gurizada:

— Queremos todos.

E bastava dizermos isso, que queríamos ser mandados, para que as tarefas, feito gincana, fossem sendo pronunciadas; a criançada correndo para cumpri-las.

Era bom aquele tempo de liberdade, aquele tempo em que as palavras mágicas de minha mãe instituíam um universo fantástico, em que tudo se tornava possível, especial, desejado.

Mas minha mãe era também mulher de surpresas. Houve uma vez que nos ordenou correr ao encontro do vizinho mais mal-humorado, que descia do ônibus. O homem sério foi susto ao ver aquele universo de pequenos a cercarem-no e a darem-lhe boa noite. Até sorriu. Primeiro sorriso dele, talvez, naquela rua.

Mães que brinquem, que contem histórias, que nanem seus rebentos, que poetizem a vida, que riam adivinhas, que proponham enigmas, que encham seus filhos de fantasias (pais também) são necessárias. Em qualquer época, em todo momento. Criança que brinca é ser que sonha. E o sonho, tenho certeza, é condição para o existir.

"O peito do pé do Pedro é preto, diga rapidinho, sem gaguejar", ouço a voz da Aurora, que vem de um tempo primeiro. E sorrio, e repito rápido, sem vacilar.

Minha casa, como eu dizia antes, era morada de poucos livros. Mas remexendo na memória, e a memória é mesmo baú de descobertas, lembrei-me de um livro que acompanhou minha infância. Nunca mais ouvi falar dele, nunca ninguém me disse já tê-lo visto ou lido. Chamava-se *Aventuras em Gatópolis*. Gatópolis era uma cidade de gatos. Lembro que um grupo de gatos, creio que uma família, andava sei lá por onde e sei lá com que finalidade. Eram os tais gatos seres antropomorfizados, com roupas, chapéus e óculos. A capa do livro era em encadernação dura e colorida. E, me parece, que os tais gatinhos encontravam um filhote de dinossauro ou algo assim. E havia uma bruxa também. Tudo é muito nublado, apenas a capa do livro surge em minha memória.

Esse livro acompanhou meu nascimento como leitor. Era meu. Meu primeiro e único livro. Presente de final de ano, quando fui aprovado para a terceira série, presente oferecido pela professora Zaira para quem havia ficado em segundo lugar como melhor aluno da classe. Naquela época, havia a classificação, algo não legal. Todavia, como tudo tem seu lado positivo, como diz a sabedoria popular, pude ter meu primeiro livro.

Perdi esse livro, sua presença física desapareceu, mas não a marca de ele ter sido meu livro inicial. Daí, a importância, quando se pensa em formar leitores, de lembrar que "possuir" um livro, pelo menos um, é passo fundamental nesse processo.

Não me recordo se ele era um texto literariamente bom e, talvez, isso nem importe muito. Meus olhos infantis eram incapazes destes juízos valorativos. Queriam apenas ler, queriam apenas perder tempo folheando as páginas e mergulhando, junto com a família de gatos, numa aventura ficcional. Hoje sei sobre a importância de contato com bons textos, escritos por autores comprometidos com o caráter artístico que uma história para crianças ou para adolescentes pode (e deve) ter. Naquela época não, ou por eu ser criança, ou por essa discussão não ser pertinente a quem lecionava.

Mas essa é outra conversa. Vamos seguir na que estávamos.

Assim.

Lembro ainda de meu pai e de minha irmã mais velha, a Maura, estarem sempre envolvidos com leitura. Não era leitura de livros. Ele lia livros de bolso: aventuras de detetive, de espionagem ou de faroeste; aventuras que, mais tarde fiquei sabendo, eram escritas por autores brasileiros, escondidos atrás de pseudônimos norte-americanos ou ingleses. Histórias simples, curtas, maniqueístas, em papel jornal, que atiçaram a minha imaginação de guri.

A Maura mergulhava nas fotonovelas. Histórias de amor, fotografadas, feito gibis. Eram exclusivas para o público feminino, com suas tramas amorosas, repletas de peripécias, cujo final sempre era feliz. Um beijo selava a união do casal protagonista. Havia várias destas revistas: a Grande Hotel, a Contigo, a Sétimo Céu (esta era colorida e com artistas nacionais).

Hoje estas revistas inexistem. Algumas deram lugar às fofocas televisivas e outras a questões adolescentes. A narração de histórias cedeu lugar para outras necessidades. Infelizmente.

Digo infelizmente, por estes textos, apesar de carecerem de qualidade literária, terem sido degraus importantes no meu despertar para a leitura. Eles e os gibis, com certeza, estão tatuados na minha pré-história de leitor.

Ah, havia a Brigitte Monfort, uma espiã francesa, linda, cabelos muito pretos, pele muito branca e olhos violeta. Ela era especial. Lutava contra os nazistas, passava por apuros, mas sempre resultava vitoriosa. Ao lado dela, seu fiel parceiro o espião Número 1.

Quantas vezes me imaginei ao lado de Brigitte, enfrentando os oficiais nazistas, derrubando facínoras, desbancando poderosos e corruptos. Brigitte era poderosa, uma espécie de super-heroína sem poderes especiais, a não ser uma série de aparatos científicos que a auxiliavam em seus disfarces. Havia, inclusive, uma pílula que, ao ser ingerida, tornava-a negra por algumas horas.

Brigitte era capaz de tudo.

Meu ciúme maior sempre era do tal de Número 1. Quando surgiam aventuras em que ele não estava presente, tudo se tornava mais leve, mais desafiador. Eu era o único com quem Brigitte podia contar.

As leituras. Sempre elas.

A também necessária intermediação do adulto na formação de uma criança leitora. Livros à disposição e, quando não eles (na minha casa os motivos eram financeiros: família grande, muitos filhos, pouco dinheiro), seres contadores de histórias ou apaixonados pelas palavras podem ser os despertadores do desejo da leitura. Estar aberto à fantasia é condição essencial para que os livros sejam procurados, suas páginas sejam abertas e as escolhas possam começar a serem feitas. O importante é a criação destes espaços de troca entre o que conta e/ou canta e aquele que escuta. Este, no futuro, com certeza também será ser de palavras.

Livros também têm um tanto de jogo, de fascínio pelo deciframento das palavras e das tramas ali traçadas, "ler significa jogar um jogo através do qual damos sentido à infinidade de coisas que aconteceram, estão acontecendo ou vão acontecer no mundo real"[3].

No ensino médio, deparei-me um dia, meio sem querer, com a literatura policial: Agatha Christie. Lembro que havia ido à biblioteca para devolver um livro: *Inocência*, do Visconde de Taunay. Texto que, apesar de reconhecer certa beleza descritiva hoje, julguei — coração adolescente — algo muito chato, algo do qual desejaria distância durante muito tempo. Aliás, até hoje ainda não parei minha vida para mergulhar neste texto romântico mais uma vez. Há livros, creio, que são sempre desejo de retorno. Outros, nem tanto.

Pois, desejoso de devolver *Inocência* às estantes da biblioteca escolar, eu esperava atendimento, quando vi sobre a mesa da professora encarregada pelos empréstimos um livro. A capa era pouco

[3] MACHADO, 2002.

chamativa. O título não: *Cartas na mesa*. Peguei o livro com a peculiar curiosidade de todo o adolescente que quer se ocupar enquanto espera, naquela sensação sempre presente de que a vida devora os segundos, os minutos, as horas. Devora a própria vida. Li a orelha, li a contracapa, e percebi que era uma história de mistério. Uma trama detetivesca que visava a enredar o leitor em sua teia de enigmas.

— Posso levá-lo? —perguntei.

E, diante do sim da professora, troquei a lentidão de Taunay pela eletricidade de Agatha Christie.

Paixão fulminante. Total.

E embora hoje não me lembre da maioria das histórias que li, escritas por Agatha Christie, (foram mais de setenta, todas registradas em um caderno cujas últimas folhas reservei para este fim), recordo a sensação de prazer infindo a cada livro lido, a cada livro vencido, a cada mistério descoberto: *O caso dos dez negrinhos, Assassinato no Expresso do Oriente, Morte sobre o Nilo, O homem do terno marrom*. Tantas e tantas aventuras, e eu ia sendo conduzido, através dos universos urdidos pela Dama do Crime, por ruas, por casas e mansões, por barcos e por trens, sempre envolvido com roubos e mistérios, ora guiado pelo olhar de Hercule Poirot, o detetive belga, ora pela simplicidade de uma velhinha do interior que, além de cuidar da vida alheia, adorava desvendar mistérios, a simpática Miss Marple.

Na época, descobri as bibliotecas públicas. Descobri que, para além dos muros escolares, havia outras, e mais e mais, bibliotecas, cujos livros estavam disponíveis a quem os quisesse ler. Bastava se cadastrar.

Cadastrei-me em todas.

E entre suas estantes, buscava títulos da Agatha Christie, um após outro, após outro, após.

O Levid e a Madalena, dois amigos meus, quase tão leitores quanto eu, ficavam a trocar ideias comigo sobre os títulos lidos. E cada vez que um de nós descobria um texto da Agatha que os outros não haviam lido, ou não tinham acesso, avisava ou propiciava encontro.

Foi assim que tive uma grande experiência de leitura.

Estávamos na praça, eu e o Levid, cada um em um banco, lendo alguma aventura proposta pela Agatha Christie, quando a Madalena me chamou. Do portão de sua casa, ela me acenava com um livro.

— Olha — disse-me ela — este livro não tem na biblioteca do SESI.

A biblioteca do SESI era nosso oásis, nosso tesouro. Dela é que retirávamos os tantos livros da Agatha que líamos. Olhei para o livro, li o título na capa cor de caramelo: *O homem do terno marrom*.

— Bah, não tem mesmo. — Eu falei.

— Quer emprestado?

É lógico que eu queria.

— Mas tem um problema — falou a minha amiga — é que esse livro não é meu e eu tenho que devolver amanhã de manhã.

Voltei para a praça meio triste. Minha amiga havia agido muito parecido com a colega de escola de Clarice Lispector, em seu conto *Felicidade Clandestina*. Apresentou-me a possibilidade da alegria, para, logo em seguida, mostrar-me que a felicidade era algo inatingível.

Entregar na manhã seguinte (já era final de tarde) significava não ter tempo de concluir a leitura.

— Obrigado — eu disse. Que mais poderia diante do tempo exíguo?

Mas ao voltar à praça e contar ao Levid o ocorrido; ele, em sua sabedoria adolescente, foi me dizendo:

— Eu se fosse você aceitava a oferta dela.

— Por quê?

— Ora, porque esse livro não tem na biblioteca do SESI. E se não tem lá, sabe-se lá na vida quando é que você vai encontrar esse livro de novo.

Levid tinha razão.

O livro não havia na biblioteca do SESI. E isso significava tudo. Significava a impossibilidade vital de encontrá-lo novamente. Nosso universo de leitores tinha os limites das paredes daquela biblioteca. E só hoje entendo isso. Só hoje percebo a pequenez de nossas expectativas e, ao mesmo tempo, a grandiosidade com que aquela biblioteca, não tão grande assim, nos presenteava: ela nos fornecia a possibilidade da fantasia, abria portas ao sonho, inventava caminhos outros.

Assim, retornei até a casa da Madalena e pedi o livro. Depois, corri para a minha casa e passei a noite em claro lendo aquela aventura. Foi emoção intensa. Foi coisa de entrega total ao prazer das palavras. Experiência fundamental e fundante em minha história de leitor. Uma noite nos braços de um livro.

Hoje, em minha biblioteca, não tenho nenhum exemplar de *O homem do terno marrom*. Nunca mais voltei a ele. Sei que não sou o

Caio daqueles dias, daquela noite, e temo que retomar esse texto seja acabar com a magia daquele encontro.

Por isso, em minha estante, tenho outros títulos da Dama do Crime, mas não este, jamais este. Afinal, querer repetir aquela experiência de leitura, tatuada pelo tempo em minha memória pode ser frustrante, pelo simples fato de haver um tempo que separa o leitor de hoje daquele imerso na noite e na leitura.

Certa vez, li um artigo da Marina Colasanti, em seu livro *Fragatas para terras distantes*, em que ela diz que um leitor se forma no momento em que ele tem um contato visceral com um livro que, para ele, se torna grande. Não importa se há qualidade estética ou não. O prazer é tamanho, que o desejo de repetir o mesmo prazer torna-se algo vital.

Para tal, a escritora narra a entrada de sua filha no mundo da leitura. Ela, que era uma jovem não muito próxima dos livros, apesar de pais escritores e leitores, descobriu a leitura através do livro *Cristiane F*. Diz a escritora: "Esse livro lançou âncora na alma da minha filha, abrindo-lhe o caminho para a leitura, porque era o livro certo no momento certo".[4]

Acho que comigo, naquela noite de entrega à leitura, aconteceu algo mais ou menos assim.

Mas não apenas aquela noite.

Lembro que — talvez alguns anos antes, ou depois — eu estava em casa, deviam ser férias, meio sem ter o que fazer e resolvi mexer em um armário que ficava na sala, sobre ele a televisão. Pois foi ali, naquela gaveta, que encontrei um livro. Um livro naquela casa tão ausente deles, um livro abandonado numa gaveta sem que eu soubesse que ele estava ali, à minha espera, sem que ninguém tivesse me falado sobre sua existência. Um livro.

Esta descoberta quase mágica também gerou uma crônica.

NA GAVETA

Eu era menino, idade meio perdida nas dobras da memória, quando abri uma gaveta e encontrei aquele volume sem capa, todo

---
[4] COLASANTI, 2004.

escurecido pelo tempo. Minha casa era lugar de poucos livros. Gibis e pulp-fiction, com suas histórias de faroeste e de detetives fabulosos, como a Brigite Monfort, havia por ali. Ah, e as extintas fotonovelas também: Grande Hotel, Contigo, e a colorida Sétimo Céu. Isso havia. Meu pai e minha irmã Maura adoravam estas histórias sempre tão iguais.

Livros não.

Daí minha enorme surpresa ao me deparar com aquele presente insólito. Sem capa, grosso, envelhecido, mas um livro. E estava ali, bem ao alcance de minhas mãos.

Mergulhei nele como quem se atira num lago sem saber o que as profundezas escondem. Mergulhei nele como sobrevivente em deserto ao se deparar com oásis. Mergulhei com o anseio de ter entre as mãos um livro meu. E já não me interessavam os motivos que o jogaram naquela gaveta ou o autor de tal façanha. Se o livro estava ali, se ninguém o reclamara antes, ele, a partir daquele momento, se tornava meu. Só meu.

E foi.

Na página de rosto, o título: *Ben-Hur*, de Lewis Wallace. Não me recordo os detalhes da história. Por vezes uma ou outra cena me vêm à lembrança, não sei se guardada daqueles dias adolescentes ou se marcadas pelo filme, muitos anos depois assistido na televisão. Não sei, e talvez nem importe. O que ficou mais forte, mágico até, foi o momento de segurar aquele velho livro entre minhas mãos, o mergulho em suas páginas e a sensação inigualável de ele ser meu. Só meu.

Depois, veio a necessidade de proteção daquele objeto quase sagrado. Se não tinha capa, eu faria uma para ele. E fiz. Capa que nada tinha a ver com a história. Fiz uma colagem com várias motocicletas (quem sabe uma atualização daquelas bigas que apareciam no livro em suas corridas de vida ou de morte?) e montei-a como capa para o meu livro. Quantas vezes o li? Não lembro. Ele era o meu livro e, portanto, cada novo mergulho era redescoberta da emoção de tê-lo. Era sofrimento junto com o protagonista, era a felicidade da vitória final.

Mas o tempo passa. Ele sempre passa.

Vai-se crescendo, e os olhos vão descobrindo as bibliotecas, as livrarias, os sebos. O pouco de dinheiro sobrado vai em livros transformando-se. Eu mesmo, hoje, senhor de uma biblioteca em que o meu livro descoberto na gaveta não se encontra. Perdi-o, talvez envergonhado pela capa tão díspar do conteúdo. Perdi-o, talvez pela feiúra de suas páginas amarelas, frágeis, eu que naquela época não tinha a sabedoria para entender o valor de um livro antigo, em cujas páginas tantas vidas penetraram. O livro mesmo sendo essa soma de sentimentos. Perdi-o, talvez por outros e tantos motivos.

Perdi, no entanto, o objeto. A emoção de tê-lo encontrado, de tê-lo lido, ah não, essa não perderei jamais. Essa permanece tatuada na pele, no coração, no sangue, na memória. Para sempre.

Livros são assim até hoje. Quero-os por perto. Quero-os para toque, para carinho em pele de papel. Quero-os como convite, como devoramento, como objeto vivo em sua capacidade de posse e de entrega.

E esse tanto desejo de leitura, de mergulho em universos sequer imaginados, foi fazendo nascer outro (e maior) desejo: o da escrita. Assim me fui, e me vou, fazendo palavra. O verbo, quer lido, quer inventado, tem a capacidade de forjar mundos, de forjar mentes. Assim, motivo de tristeza, por vezes, quando ouço aquela velha ladainha de que livro é caro e que, por isso, as pessoas leem pouco. Há objetos mais caros que livros. Bem mais caros, cujo retorno é pífio, quando comparados ao bem que um livro propicia. Na verdade, livros são caros para quem não os necessita. Apenas para essas pessoas. Por isso, ando meio cansado de ver na boca de pessoas inteligentes este tipo de desculpa para justificar que os brasileiros leem pouco, ou quase nada. Exemplos, como o da capital brasileira da leitura, Passo Fundo, que conseguiu destacar-se como a cidade em que há o maior número de leitores, devem ser seguidos. E, até onde sei, lá, os livros custam o mesmo que em qualquer outra livraria. Ou não?

Assim, sonho.

Quem dera toda e qualquer pessoa possa, um dia, abrir uma gaveta e, entre tantos guardados já esquecidos, descobrir a surpresa de algumas páginas de luz que se apresentem como água oferecida a um sedento. Este, embora possa ser desconhecedor de sua sede, ao pôr os olhos sobre o líquido vivo, o beba. Uma vez bebido, jamais haverá secura novamente.

Mas, apenas, mais e mais necessidade.

Talvez, por isso eu escreva: desejo de ser fonte também.

Na crônica, quem fala já não é mais o jovem que encontra o tesouro na gaveta, mas o homem das palavras, que gosta de ler, que gosta de escrever, que se incomoda com algumas pseudoverdades em relação à leitura.

Mas isso ainda não é conversa para agora.

Em minha história de leitor, houve desejo também de uma estante. Eu já era jovem, já trabalhava e já trazia comigo, guardado bem lá dentro, o desejo de inventar histórias, de contar histórias. Histórias como aquelas — seja em livros, seja nas noites de serões em que minha mãe vertia histórias verdadeiras e imaginárias — que embalaram minha infância e minha adolescência.

Passo importante para a formação de um leitor é ouvir histórias. Se possível, desde muito, muito cedo. Histórias contadas vão entrando na gente feito carinho, feito seiva em árvore que precisa crescer, desenvolver-se, a fim de dar flores, frutos, sombra.

Leitores são árvores frutíferas.

Familiares contadores de histórias são seiva que alimentam, que despertam o broto naquelas sementes carentes de tudo, que somos nós quando crianças.

Na verdade, este tanto de histórias, de adivinhas, de brincadeiras com as palavras, de versos, de cantigas e de canções de roda, creio, foram aproximando-me mais e mais dos livros e criando em mim a necessidade de leitura, o desejo de possuir livros. Chegou um momento que não bastava apenas lê-los, eu queria tê-los.

Então, com o pouco dinheiro que ganhava como auxiliar de escritório (meu primeiro emprego), comprei uma estante. Estante pequena, de madeira barata, com umas três prateleiras. Ficava olhando-a e imaginando-a "cheia" de livros.

Foi, então, que descobri os sebos. E por eles saí a garimpar títulos de livros que já havia lido e que queria ter em minha primeira estante. Não adquiria livros novos, inéditos à minha fome leitora. Não, queria aqueles que, de alguma forma, haviam marcado minha caminhada de leitura, aqueles que tinham me tornado leitor, aqueles que tinham sido meus apenas por empréstimo.

Assim, as prateleiras de minha estante foram ganhando títulos e mais títulos, os quais eu ajeitava um ao lado do outro, sempre havendo, naquela pequena estante de madeira, lugar para mais um. Por que livro é mesmo assim: basta ter um para que ele se multiplique, dê cria, espalhe-se pela casa como num daqueles truques de mágica que torna algo que era uno multifacetado.

Creio que pais e mães que querem despertar nos corações de seus filhos o amor pelos livros devem — além de contar histórias, de cantar canções de ninar, de viajar pelo mundo das palavras — dar-lhes livros de presente, "livros à mão cheia". Devem dar-lhes também uma estante. Uma estante simples. Uma estante acolhedora. Uma estante onde eles possam iniciar sua primeira biblioteca.

Certa vez, minha filha me perguntou se minha mãe me contava histórias como as que eu narrava a ela. Num primeiro momento, neguei. Depois, aos poucos, minha memória foi me devolvendo este tempo bom de ouvir lendas e contos sobrenaturais, muitos deles, creio, inventados no calor da emoção.

—Contava, sim, filha — eu respondi para a minha Helena — Mas eram histórias de terror. — fiz a ressalva. Ao que a pequena, olhos brilhantes na possibilidade de ouvir as histórias contadas por uma avó que ela não conheceu, disse-me:

— Pode contar. Eu não tenho medo.

Eu contei. Uma, duas, muitas. Algumas realmente ouvidas de minha mãe, outras inventadas devido à insistência de minha filha.

E, conforme relembrava aquelas narrativas, vinham-me à mente não apenas as histórias que estavam guardadas em algum canto escondido da memória, mas também, e sobretudo, o carinho da contadora. Contar histórias para os filhos ou para as crianças queridas (netos, sobrinhos, afilhados, alunos) é dar-se, é partilhar com eles um tempo ancestral, tempo remoto que, creio, trazemos gravados em nosso DNA. Afinal, basta alguém começar a contar uma história para que corações e ouvidos fiquem na atenção, na prontidão, talvez rememorando aquele tempo em que as pessoas se reuniam em torno das fogueiras acesas para ouvir e para narrar feitos de seus heroicos antepassados, feitos que remontam à origem dos tempos, feitos lendários, históricos, fantásticos.

Antes da palavra escrita, existiu a palavra falada, cantada. Por vezes, esquecemos isso. Esquecemos algo que só faz bem.

Afinal, aquela antiga fórmula do *Era uma vez* ainda possui uma mágica irresistível. Pena que não são todas as pessoas que se lembrem disso.

2. TEMPO DE CONTAR HISTÓRIAS. E ALGO MAIS.

QUANDO DECIDI SER PAI (DECISÃO QUE, NOS DIAS DE HOJE, PRECISA SER cada vez mais um ato de vontade e não um acaso; cada vez mais uma decisão conjunta das duas pessoas que resolveram gerar uma vida e não uma mera contingência social ou biológica), junto com tal decisão vinha outra que sempre me pareceu muito natural: ter filhos leitores.

Cada vez mais sou tomado pela certeza de que ser leitor faz diferença, que ser leitor é possibilidade de construção de um ser humano melhor, mais crítico, mais sensível; alguém capaz de se colocar no lugar do outro; alguém mais imaginativo e sonhador; alguém um pouco mais liberto dos tantos preconceitos que a sociedade vai impondo-nos a cada dia, a cada situação enfrentada. Ser leitor, acredito, qualifica a vida de qualquer pessoa. Como o fez com a minha.

Nasci em família humilde. Tinha em mim todas as chances de acomodamento com o pouco que a vida me oferecia naquele canto de Porto Alegre onde me criei. Todavia, o ouvir histórias e as brincadeiras com as palavras me levaram aos livros. E isso foi de substancial diferença em minha infância e adolescência. No meio de tanta gente avessa à leitura, eu era apontado como o "traça". Como o guri estranho, que, enquanto os demais jogavam bola e corriam pelas ruas, mergulhava nas páginas de um livro. Não que eu não brincasse. Brinquei muito também: joguei bola, bolitas, pião e cela, pulei sapata e corda, brinquei de roda, de fita, de pega-ladrão. Mas os livros, ah, esses tinham espaço privilegiado em minha vida. Eles eram muito mais que brincadeira. Na época, é claro, eu não entendia assim. Depois, comecei a vê-los como possibilidade de sonho, de viagens por lugares exóticos, longínquos, sedutores, perigosos, tão diferentes daquele mundinho em que eu vivia.

Pois quando resolvi ter filhos, queria-os leitores.

Queria-os leitores para que, como eu, pudessem ter uma das experiências mais enriquecedoras que a vida pode propiciar: o contato com a palavra literária.

E se essa era a minha vontade, cabia a mim fazer com que ela acontecesse. Assim, tão logo recebi a notícia da gravidez da Laine (leitora, como eu), já nos colocamos a sonhar nossa pequena leitora.

Contar histórias para a barriga que ia, aos poucos, crescendo, sempre foi motivo de encontro, de magia, que era aproximação, estabelecendo os primeiros contatos entre o que lia e o pequeno ser que começava a ser gestado. Se minha mãe fora uma contadora de histórias, queria eu ser também. E quanto mais cedo isso ocorresse, melhor.

Não que um leitor não possa se construir ao longo da vida. Creio que não há idade mais certa ou mais adequada para se ter contato com os livros. Apenas acredito que se isso se der mais cedo, mais tempo se terá para enveredar pela fantasia e pelo conhecimento que as páginas de um texto de ficção propiciam, mais tempo se terá para se ler uma maior quantidade de livros. Ah, há tantas e tantas histórias nesse exato momento sendo escritas! Como dar conta da leitura do que já está aí e do que ainda está por vir?

Assim, quanto mais cedo, melhor.

NASCE O ESCRITOR

Foi por essa época e com a intenção de presentear minha mulher com algo único, que escrevi meu primeiro livro para crianças. Livro que até hoje permanece inédito: *O fruto verde*.

Explico:

A Laine seguidamente me pedia que eu escrevesse um texto para crianças. Ela achava que eu levava jeito. Todavia, eu não me sentia atraído pela ideia, talvez por certo preconceito existente (na época mais forte do que hoje) de que quem escreve para o público infantil faz uma literatura de menor envergadura. O que não tem nada a ver. E, quando digo isso, não estou agindo em defesa própria. Não. Existe, independente de público, literatura com L maiúsculo e há, também, textos menores, cuja qualidade é duvidosa. Livros mais preocupados em passar lições de moral ou comportamentos exemplares, alguns, inclusive, são paradidáticos disfarçados de literatura. Hoje, percebo assim: a literatura infantojuvenil está repleta de belos textos, de autores que conhecem seu papel como formadores de leitores e que sabem que criança ou adolescente não é público menos exigente que o adulto.

Bem, mas voltando ao meu nascimento como autor para crianças, ele se deu ao acaso. Quando vi a barriga da Laine crescendo (na verdade, era a Helena que crescia lá dentro), dei-me conta de que a minha esposa, a mulher que eu havia escolhido (e que me havia escolhido também) para ter um filho, merecia um presente especial, algo único, que marcasse para sempre a gestação daquele bebê, que, sonhávamos, seria leitor.

Algo que marcasse aquele momento, algo que só ela possuísse.

Então me lembrei de sua pergunta: *Por que você não escreve um livro para crianças?* Percebi que ela mesma me fornecia a resposta sobre o presente a dar-lhe. Assim, construí, entre aulas e correções, uma pequena história de uma semente que sonhava em germinar livre num campo. Queria ela crescer, virar árvore, dar frutos. Escrevi, ilustrei (com alguns parcos recursos encontrados em casa) e montei artesanalmente *O fruto verde*.

Nosso primeiro livro: meu, da Laine e da Helena.

Livro único. Apenas um exemplar.

Depois, outras histórias foram escritas, outros livros artesanais montados (estes sem o compromisso da singularidade), até que, por aqueles acidentes bons com que a vida nos surpreende às vezes, entrei em contato com uma editora e virei, de fato, escritor. Foram (e ainda são) várias histórias escritas, um ou outro poema, e muitos contatos com professores e com leitores. São feiras de livro, oficinas, bate-papos, seminários. Em todos procuro contaminar com minha paixão pelos livros aqueles que ainda não foram infectados pelo vírus da leitura.

Vírus fatal. Ao sermos inoculados por ele, não há mais cura. Livros, livros e mais livros. Sempre.

NASCE O CONTADOR DE HISTÓRIAS

Escrever é diferente de contar histórias. A primeira atividade talvez seja mais explicitamente compromissada com o leitor do que a segunda. Contar histórias aos filhos ou às crianças pelas quais temos afeto, geralmente é destituída de qualquer intenção. É apenas partilha, carinho, troca. É revelação de que um (aquele que conta) se interessa (ou se preocupa) por outro (aquele que escuta).

A entonação, o suspense, as pausas, as diferentes vozes para diferentes personagens, a suspensão, tudo busca apenas a atenção total daquele que ouve.

Ah, quem dera todo e qualquer adulto tivesse um tempinho de si para partilhar com seus pequenos (filhos, afilhados, sobrinhos, netos, alunos...) algumas histórias (quer verdadeiras, quer não), alguns poemas, algumas brincadeiras com as palavras. Creio que a humanidade estaria salva. Ou, pelo menos, a caminho de algo melhor.

Pois as histórias começaram a fazer parte de mim. Agora não apenas como desejo de escrita, mas também como vontade de troca com aquele bebê que estava sendo gestado.

A Helena começou a ouvir histórias cedo. Nem gente, oficialmente falando, era ainda e já ouvia as vozes de seus pais ninando-a ou contando histórias de bruxas e de fadas. E lembro que ela se remexia na barriga. Parecia querer se comunicar, parecia querer dizer que estava adorando aquelas histórias. Pelo menos, sempre acreditei assim.

E a Helena nasceu, depois dela veio a Carolina. A primeira, nome de romance do Machado de Assis; a segunda, nome de soneto, também do autor realista. A literatura já as inscrevendo no mundo.

Fui pai leitor. Fui pai contador de histórias.

Lembro que, quando a Carolina nasceu, ao retornarmos para casa, a Helena (ela tinha apenas 4 anos) correu até seu quarto e retornou com um livro na mão. Olhou-me com aquela cara de anjo travesso e disse:

— Lê pra ela, pai.

Eu li. Sentei-me na poltrona com aquele bebê de dias no colo, a Helena ao lado, atenção total, e li a história de boas-vindas. Na ocasião, não cheguei a racionalizar sobre o que significava aquele ato da Helena. Hoje, na distância, pude perceber que ela ofereceu à irmã aquilo que de melhor havia em nossa casa: o encontro através da leitura. Afinal, não é assim que funciona? Sempre que recebemos em nossa casa alguém de quem gostamos, oferecemos a essa pessoa o que de melhor temos: a melhor poltrona, o melhor cardápio, a melhor música para ela ouvir.

Helena ofereceu a leitura.

E foi o que sempre tentei oferecer às minhas filhas.

Assim, contar histórias de livro ou de boca (estas deviam ser inventadas na hora, e eu me pegava criando situações ou me aproveitando de tantos personagens de outros autores, a fim de construir, pressionado pelo desejo das pequenas, um universo de magia e de sonho, às vezes repleto de mistérios e de suspense; outras vezes cheio de humor) tornou-se prática comum, rotineira. As duas exigindo, antes de fecharem os olhos para o sono, que o pai se debruçasse sobre seus berços (e depois camas) para contar-lhes uma história e cantar-lhes alguma canção de ninar.

Assim, ia eu buscando na lembrança algumas delas e, com minha voz pouco apropriada para o canto (mas que para elas parecia não ter importância) me punha a embalar seus sonos.

As preferidas eram *Se esta rua fosse minha*, *Sereno* e *Barquinho de papel*.

Se esta rua fosse minha

Se esta rua, se esta rua, fosse minha.
Eu mandava, eu mandava ladrilhar,
Com pedrinhas, com pedrinhas de brilhantes,
Para o meu, para o meu amor passar.

Nesta rua, nesta rua, tem um bosque,
Que se chama, que se chama solidão,
Dentro dele, dentro dele, mora um anjo,
Que roubou, que roubou meu coração.

Se eu roubei, se eu roubei teu coração,
Tu roubaste, tu roubaste o meu também,
Se eu roubei, se eu roubei teu coração,
É porque, é porque te quero bem.

Sereno

Sereno, oi cai, oi cai,
Sereno deixou cair,

**Sereno da madrugada,
Não deixou meu bem dormir.**

**Essa vida, ai, ai, ai,
É um barquinho, ai, ai, ai,
Que desliza sem rumo e sem luz.**

**Quem me dera, ai, ai, ai,
Que eu tivesse, ai, ai, ai,
O farol dos teus olhos azuis.**

Na verdade, não recordo bem se as letras são estas. Mas registro-as assim: como me vem à memória, pois era o jeito que cantava para minhas filhas.

Barquinho de papel [5]

**Mandei fazer um barquinho,
De papel, de papelão,
Pra levar o meu benzinho,
Pra dentro do coração.**

Assim eram as noites. Havia uma espécie de ritual, em que as palavras literárias instituíam um outro universo, cheio de canções e de melodias. Entretanto, se existiam esses momentos, havia também os de contação de histórias, que enchiam as minhas pequenas de sonhos e de fantasia, algo tão essencial hoje em dia nos corações humanos e, ao mesmo tempo, tão ausente.

Podiam ser, como já referi, *histórias de livro*. Bastava irem para suas camas que cada uma se dirigia à estante e escolhia seu livro para ser lido. Sempre havia os preferidos, aqueles cuja narração, apesar de muito conhecida, eram sempre e sempre desejo de nova escuta. Elas ouviam atentas, em total entrega às palavras. Talvez, em suas inocências, se soubessem parte de uma iniciação; talvez não quisessem interromper a magia daquele momento.

A casa silenciava também para ouvir. Móveis, paredes, tudo.

---

[5] Pelo que lembro, a música Barquinho de papel era tema de abertura da novela A pequena órfã, escrita por Teixeira Filho, que foi ao ar em 1968 pela extinta tevê Excelsior. Na trama, uma pobre menina sofria todas as agruras do abandono. Em 1993, a Rede Globo colocou no ar uma adaptação livre, escrita por Marcílio Moraes, cujo título era Sonho Meu.

Tais momentos, por vezes, abriam mão dos livros. Eram as *histórias de boca*. Nestas ocasiões, eu tinha que fazer valer o meu desejo de escrita, tinha que inventar tramas atrativas, que as envolvessem tanto quanto as histórias lidas nas páginas dos livros. Estas não tinham o auxílio de um planejamento prévio e nem tampouco das ilustrações. Meu único e maior recurso era a capacidade de contar: minha voz, suas modulações e uma ou outra canção que eu sempre incluía nas histórias.

O problema maior era quando elas exigiam, na noite seguinte, que a história de boca fosse a mesma da noite anterior. Eu tentava, bem que tentava. Mas a memória de um homem com mais de 30 é incomparável à de meninas de poucos anos. Bastava eu iniciar a narrativa para que uma delas dissesse:

— Não é assim. O príncipe antes lutou com o dragão, pai.

— Ah, pois é — eu concordava e seguia a narração, auxiliado sempre por minhas fiéis ouvintes, que não deixavam que eu cometesse qualquer deslize em relação à primeira versão.

Neste aspecto, histórias de livro eram menos arriscadas.

Se estes momentos são bons para quem ouve, se são carinho em seus ouvidos e corações, se são certeza da presença paterna; para quem conta são tesouro maior de encontro com os pequenos. Entrega. Momento para dizer (mesmo que a vida comprove o contrário): *Filhas, não se preocupem, o pai estará sempre por aqui a contar para vocês todas as histórias do mundo.*

Ceder um pequeno espaço de tempo, em meio à rotina diária, para contar histórias é sempre encontro e, neste mundo que substituiu pais e professores pela caixa de imagens contadora de histórias, se faz cada vez mais necessário. É resgate de um tempo primeiro, em que as pessoas se reuniam para contarem histórias, berço dos famosos contos de fadas, tão essenciais, segundo a psicanálise, para a saúde das crianças.

Mas brincar com as palavras também é momento de aproximação, sobretudo pelo caráter lúdico que possuem. Declamar uma poesia, ler algum poema de Cecília Meireles, de José Paulo Paes, de Sérgio Caparelli, de Vinícius de Moraes, entre tantos outros bons poetas, chama as crianças para a leitura, para a musicalidade; é convite à fantasia.

Pois, um dia, caiu em minhas mãos, um livro da Eva Furnari, chamado *Você troca*[6]. Livro simples, em que a autora explora as possibilidades de brincadeiras e de rimas que as palavras possuem, além de trabalhar com humor. Um dos poemas brincadeira de que me recordo agora é o seguinte:

**Você troca um bichão mimado
por um mamão bichado?**

Assim, inspirado pelo livro de Eva, inventei uma pequena melodia que era uma pergunta, um desejo de troca, à qual a Helena respondia com outra proposta de troca. Era algo, mais ou menos, assim:

Eu:

**Você troca um sapato amarelo
por um enferrujado martelo?**

Ela:

**Eu não troco não.
Eu não troco não.**

Eu:

O que você troca então?

Ela:

**Eu troco um pedaço de pão
por dois tigres e um leão.**

Eu:

---

[6] O livro de Eva Furnari, editado pela Moderna, em 1992, faz parte da coleção Contigo criamos leitores. O livro, além de propiciar a brincadeira com as palavras e o encontro com o inusitado (um pato com dentes, por exemplo), auxilia a criança a se preparar para fazer suas escolhas de vida, afinal a necessidade de fazer permutas está sempre presente na vida das pessoas. Cecília Meireles, em seu poema Ou isto ou aquilo, no livro homônimo, publicado em 1964, já problematiza tal questão. Escolher nem sempre é fácil. Na mesma linha, Eva Furnari possui um outro título: Não confunda.

Eu não troco não.
Eu não troco não.

E a brincadeira seguia, muitas vezes animando algumas atividades rotineiras, como ajeitar o quarto, tomar banho, guardar os brinquedos. A vida real e necessária ia, assim, sendo iluminada pelas palavras, pela musicalidade, pela brincadeira.

Jogos como estes (afinal a leitura também tem seu espaço lúdico) auxiliam a criança na criação de situações inusitadas e que propiciem humor. Aos poucos, ela apreende a lógica do jogo, buscando também ela criar trocas diferentes, exóticas, determinadas, muitas vezes, pela possibilidade de rimar, sem contar que, em brincadeiras deste tipo, pode-se, aos poucos, ir percebendo o universo lexical e a visão de mundo que a criança possui, além de, a partir de desafios e de orientações do adulto (pais ou professores), ampliar o leque de conhecimento da criança em relação ao mundo em que ela está inserida.

A literatura é, também, jogo com as palavras, brincadeira.

Ah, quem dera que todos aqueles que convivem com crianças adquirissem tal consciência e se lançassem a práticas de aproximação entre os pequenos e os livros.

Na minha casa, livro sempre foi presente. Sempre esteve semeado debaixo da árvore de Natal ou nas listas de presentes natalinos, dentro dos ninhos de Páscoa, nos presentes de aniversário, ou em dia dos pais ou em dia das mães.

Livro, acredito, deve sempre estar presente em qualquer ocasião. Livro sempre é o melhor presente. Pois, assim sendo, cria desde pequeno na gente a necessidade de tê-lo.

Outro momento em que a leitura foi aproximação em minha história de pai, que tinha em si a consciência e a missão de formar filhas-leitoras, era o teatro. Eu mesmo construía os personagens. Os materiais eram os mais variados: rolos de papel higiênico, caixas de remédio, figuras de revistas coladas em papelão, palitos. Muitas vezes auxiliado pelas pequenas, os personagens da história que seria apresentada tomavam forma.

Após a criação dos atores, criávamos o cenário. Uma caixa de papelão, decorada, com cortinas de papel de seda e com um palco para os bonecos, era montada no meio da sala e o teatro tinha início. A plateia era composta por quem estivesse por ali: avós, padrinhos, amigos. Por vezes, as meninas assumiam a encenação, e eu e Laine virávamos o público. Outras vezes, ocorria o inverso.

Novamente, o uso das palavras em sua possibilidade de construir mundos ficcionais e de instituir um universo de fantasia era a matéria-prima daqueles encontros que, muitas vezes, serviam para animar as noites de domingo, por vezes friorentas e chuvosas. Momento de reunião familiar, momento de trocas, em que construir o enredo sempre levava a negociações.

Esta atividade, a construção de teatro, virou matéria jornalística certa vez. Era época de dia dos pais e o jornal Zero Hora, à procura de pais que faziam atividades "diferentes" com seus filhos chegou até mim. Saímos os três: eu, Helena e Carolina na capa do Segundo Caderno. Na época, ficamos felizes. Um tempo depois, percebi que o que para mim era tão óbvio e tão natural (contribuir com a formação leitora de minhas filhas) soava para a mídia e, portanto, para a sociedade como algo diferenciado.

Quantos pais fazem este tipo de atividade com seus filhos?
Quantos pais leem para seus filhos e com eles?
Quantos lares são espaço para o lúdico, para a brincadeira com as palavras?
Quantas casas abrigam pais formadores de leitores?

Estas são algumas perguntas que temos sempre que nos fazer. Afinal, hoje foi delegada à escola a função de formar leitores literários. E a escola a aceitou. Porém, o que percebemos é que a maioria das crianças que ingressa na vida escolar não é leitora. Até aí, poderíamos dizer, tudo bem. Problema maior, segundo as pesquisas apontam, é que os adolescentes que estão saindo do ensino fundamental, em sua maioria, não são leitores. São, inclusive, incapazes de compreender e interpretar adequadamente um texto simples.

Qual, então, o papel dos professores na formação do leitor literário?
Como a escola pode, de fato, assumir seu papel de formadora de leitores?

NA ESCOLA

I. TEMPO DE FORMAR LEITORES.

> **QUE A BUSCA POR LIVROS NÃO SEJA UM HÁBITO APENAS, POIS JÁ NOS ENSINA A CULTURA POPULAR QUE O HÁBITO NÃO FAZ O MONGE, MAS QUE SEJA O ENCONTRO DE UM LEITOR COM O SEU TEMPO INTERIOR, NO INTERIOR DE UMA BIBLIOTECA.**
> MARLY AMARILHA

SOU PROFESSOR HÁ ALGUNS ANOS. E TORNEI-ME PROFESSOR EM VIRTUDE DO desejo de trabalhar com as palavras (que sempre me seduziram para a escrita) e com livros (que sempre me acolheram em suas páginas e que me salvaram de um universo pouco sedutor).

Muito aprendi em meus cursos de graduação (Jornalismo e Letras), ou nos cursos de Pós-Graduação (Mestrado e Doutorado). Muito aprendi também nos tantos seminários de que participei, quer como ouvinte, quer como palestrante. Afinal, é na interação que o saber vai se formando. Todavia, conhecimento também se constrói na prática e na reflexão sobre esta prática, constrói-se a partir do questionamento de alguns saberes dados como certos e que no dia a dia não se concretizam como tal.

Quando teoria e prática não se afinam, costumo duvidar da primeira. Costumo buscar outros caminhos, a fim de construir uma nova possibilidade teórica.

Assim:

Acredito que o processo de formação de leitores literários na escola está imerso num universo de pseudoverdades, às quais chamo de mito. São aquelas sentenças que todos repetem como se verdades fossem, sem questioná-las, sem parar para pensar se, de fato, o que apregoam condiz com a realidade.

Tais mitos precisam cair por terra (ou pelo menos serem problematizados), a fim de que possamos repensar uma metodologia de trabalho mais competente na formação de leitores.

Na minha percepção, construída nos vários anos de sala de aula e nos muitos contatos com professores, em cursos e oficinas, os principais mitos envolvidos na formação do leitor literário são quatro:

1. Ler é prazer;
2. Ler é um ato de liberdade;
3. Livro é caro;
4. A partir do 5º ano, as crianças perdem o gosto pela leitura.

Estas quatro afirmativas são muito comuns em conversas com professores. E elas são ditas como verdades imutáveis, inquestionáveis, sendo que muitas propostas metodológicas (a maioria, talvez) encontram suas bases em tais afirmações. Ou seja, as práticas nas salas de aula acabam tornando-se repetitivas e pouco objetivas, geralmente oscilando entre o prazer fruitivo e a obrigação.

Assim, repensar a metodologia pressupõe antes problematizar tais mitos, buscando olhá-los sob uma nova ótica.

DESFAZENDO MITOS.

1. Ler é prazer

Ao se pensar o prazer que a leitura envolve, muitos professores caem num discurso vazio que pouco seduz crianças e adolescentes. É muito comum o prazer da leitura estar ligado à possibilidade de "viajar" sem sair do lugar, ou seja, ler é apresentado como passatempo, como diversão, como fruição.

Ora, em uma sociedade como a nossa em que a mídia, o tempo todo, atiça-nos com a apresentação de um mundo repleto de prazeres, a literatura seria, nesta perspectiva, apenas e meramente, um prazer a mais. Prazer individual, enquanto que os apelos por prazeres grupais abundam atualmente: jogar bola, sair com os amigos, namorar, andar de bicicleta, etc, etc.

Aí, pergunto: que diferencial de prazer a literatura oferece? Diferencial capaz de fazer com que ela não possa ser substituída por um outro prazer qualquer?

E eu mesmo respondo: um prazer estético.

A matéria-prima da literatura são as palavras. Palavras artisticamente elaboradas. Assim, o prazer da leitura reside na possibilidade que as palavras têm de nos encantar, de construir diante de nós um universo novo, mágico, possível, com sua reserva de vida paralela, que nos permite certo deslocamento de nosso eixo, permite-nos viver experiências novas, permite-nos colocar no lugar do outro.

Ler, portanto, não é apenas "viajar", não é apenas passatempo. É mais.

É a capacidade do maravilhamento com uma rima, com uma construção frasal, com a beleza que as palavras, muitas vezes recriadas ou usadas num sentido não literal, podem propiciar.

Para tal, precisamos de adultos (professores e pais) que revelem tal possibilidade de encantamento. Como a Alice, mergulhada em seu mundo maravilhoso, devemos nós também ser aqueles que ofertam às crianças e aos jovens (aos adultos que ainda não descobriram também) o tanto de beleza que um grande texto pode conter.

Desta forma, a leitura não seria apenas preenchimento de horas vagas ou algo descompromissado, visto que só pretende suscitar um prazer de passatempo; seria sim o encontro com um universo de beleza, propiciando um prazer estético, que encanta quem descobre seus enigmas, sua lógica, seu jogo.

Precisaríamos, pois, perceber que a leitura tem de ser capaz de oferecer, neste mundo globalizado e facilitador, um prazer diferenciado, que só ela mesma pode propiciar. Prazer que não pode ser substituído por outro. Prazer singular, sui generis. O prazer da descoberta do tanto de magia que as palavras, em sua possibilidade de construir histórias e arquitetar poemas, têm.

Aliás, quem afiança que ler é prazer, muitas vezes esquece o tanto de sofrimento que pode envolver a leitura.

Quantas vezes sofremos ao não compreendermos um texto? Para crianças em início de alfabetização, a leitura das palavras, em princípio, não é prazerosa. A descoberta de que já consegue ler, sim. Um prazer antecedido de uma dor.

Quantas vezes sofremos para mergulhar no universo de um autor cuja dicção é fragmentada, enigmática, inovadora?

Quantas vezes sofremos por um conto, ou um romance, ou uma crônica, ou um poema, tocar em alguma ferida aberta, em alguma questão que nos machuca, em algum tema do qual queremos fugir?

Ler também pode ser sofrimento.

A escritora Ana Maria Machado diz, em relação ao prazer que envolve a leitura, buscando assegurar sua particularidade, que "outra coisa muito prazerosa que encontramos num bom livro é o prazer da decifração, de exploração daquilo que é tão novo que parece difícil e, por isso, oferece obstáculos e atrai com intensidade".[7] Na percepção da autora, dificuldades também são ponto de prazer e de atração, pela possibilidade de superação que oferecem, algo que a facilidade e o conhecido dificilmente promovem.

Assim, querer atrair o leitor para o texto apenas afiançando sua possibilidade de prazer é, senão mentira, pelo menos verdade parcial. Ricardo Azevedo, escritor e teórico, ao abordar a questão da formação de leitores diz que "a leitura, como muitas coisas boas da vida, exige esforço (...) o chamado prazer da leitura é uma construção que pressupõe treino, capacitação e acumulação". [8]

Aí, cabe uma pergunta: Na escola, de quem é a responsabilidade por capacitação? A quem cabe treinar os alunos a fim de que descubram o prazer de ler?

A resposta é apenas uma: ao professor!

Iser[9], ao falar de literatura e das formas como ela atua sobre o ser humano, define três necessárias funções do texto literário[10]: deleite (o tal do prazer de que falávamos), reflexão e transformação. Ou seja, além do referido prazer, o bom texto também promove que reflitamos sobre nós e sobre o mundo que nos cerca, além (e talvez por isso mesmo) de possibilitar uma mudança em nós, mesmo que não a percebamos.

Acredito, e muito, que cada vez que saímos da leitura de um bom texto, mesmo que não o notemos, estamos transformados. E para melhor. A leitura literária tem a função de aprimorar o humano que reside em nós. Daí, a necessidade de o professor não pensar as atividades de leitura apenas como fruição, mas também como possibilidade de conhecimento reflexivo e, consequentemente, de qualificação de seus alunos e de si mesmo. Afinal, como disse a poeta Cecília Meireles, "a literatura não é, como tantos supõem, um passatempo. É uma nutrição". [11]

---

[7] MACHADO, 2002.

[8] AZEVEDO, 2004.

[9] ISER, 1996.

[10] Horácio, em sua Arte Poética, diz que a poesia (literatura) tem duas funções: deleitar e ensinar. Todavia, o ensinamento a que se refere o poeta latino não é a mero e acrítico acúmulo de conteúdos. Conhecer está ligado a saber. Assim, a boa poesia (literatura) é aquela que atinge o ser humano através do prazer e do conhecimento (reflexão). Iser, a estas duas funções, acrescenta a da transformação. TRINGALI, 1993.

[11] MEIRELES, 1984.

2. Ler é um ato de liberdade.

Ora, caso encaremos a leitura como apenas um ato de liberdade, podemos cair numa postura *laissez faire* de educação, à medida que o professor abre mão de seu papel de orientador. Afinal, se cada aluno tem a liberdade de ler o que quer, ele mesmo é o responsável por sua formação como leitor. Ele vai à biblioteca, ele escolhe o livro a ser lido, ele apresenta (quando é chamado a apresentar) sua visão da leitura, não havendo na sala de aula espaço para a interação entre diferentes leitores, entre diferentes níveis de leitura, visto que poucos (ou apenas um) terão lido aquele texto, correndo-se o risco, inclusive, de o próprio professor não ter a mínima noção sobre o que trata cada um dos livros lidos por seus alunos.

Nestes casos, por mais boa vontade que o professor tenha, ele ficará limitado a práticas metodológicas repetitivas, tais como: apresentação de cartazes divulgando o livro, elaboração de propagandas, resumos, ilustração de partes da obra, fichas de leitura; sendo que seu caráter avaliativo não terá critérios que assegurem que, de fato, a leitura ocorreu. E com qualidade.

Ler torna-se um ato de liberdade, quando a escola, através da obrigatoriedade da leitura e de uma prática metodológica que assegure espaço para a reflexão e para o deleite, forma leitores qualificados. A escola precisa mostrar aos alunos a importância da leitura e o conhecimento dos aspectos que a envolvem, além de apresentar, de forma qualificada, textos fundadores da literatura, cuja leitura, se não realizada na escola, sob o olhar atento e orientador de um professor-leitor, muitas vezes jamais ocorrerá.

Falo dos clássicos. Textos importantes, textos que atravessaram a barreira do tempo e que ainda tem o que dizer. Ana Maria Machado, nesta perspectiva, diz que se "o leitor travar conhecimento com um bom número de narrativas clássicas desde pequeno, esses eventuais encontros como nossos mestres da língua portuguesa terão boas probabilidades de vir acontecer quase naturalmente depois, no final da adolescência. E podem ser grandemente ajudados na escola, por um bom professor que traga para sua classe trechos escolhidos de algumas leituras clássicas preferidas, das quais seja capaz de falar com entusiasmo e paixão".[12]

---
[12] MACHADO, 2002.

Não apenas trechos, mas ser capaz de ser a ponte que aproximará o leitor iniciante de um patrimônio cultural inigualável. Ora, mas isso só poderá ocorrer se houver a indicação, se o professor exigir e facilitar tal encontro. Encontro maravilhoso entre um livro e seu leitor no interior de uma escola.

Ítalo Calvino, sobre a leitura dos clássicos e a obrigatoriedade de sua leitura, diz o seguinte: "Um clássico "funciona" como clássico, quando estabelece uma relação pessoal com quem o lê. Se a centelha não se dá, nada feito: os clássicos não são lidos por dever ou por respeito, mas só por amor. **Exceto na escola**: a escola deve fazer com que você conheça bem ou mal um certo número de clássicos dentre os quais (ou em relação aos quais) você poderá depois reconhecer os "seus" clássicos. A escola é **obrigada** a dar-lhe instrumentos para efetuar uma opção: mas as escolhas que contam são aquelas que ocorrem fora e depois de cada escola".[13]

Interessante a visão de Calvino, com a qual concordo e estendo para todo e qualquer texto literário. O escritor italiano fala que ler é um ato de liberdade, mas para quem já é leitor, para quem já foi formado pela escola como leitor. Ou seja, o espaço escolar é o lugar da experimentação e esta se dá à medida que o aluno é desafiado a ler textos que passaram pelo critério de qualidade do professor e/ou que atendem a algum objetivo, cuja realização se faz necessária.

Nesta perspectiva, quando é dada a liberdade da escolha ao aluno, sem o estabelecimento de qualquer critério, o professor fragiliza a possibilidade que tem (e é dele, construída nos muitos anos de dedicação à conclusão do curso superior que o capacitou a ministrar aulas, a orientar alunos, a corrigir rumos) de formar leitores, pois aquele que não lê dificilmente se desafiará para a leitura. Possivelmente, buscará estratégias para driblar a atividade, escolhendo livros que já conhece, ou cuja temática o atraia, ou livros com poucas páginas, ou com muitas ilustrações, como vários alunos meus já me disseram. Assim, a metodologia liberal do professor terá atuação limitada sobre as crianças e jovens que lhe foram confiados.

PEQUENO CASO ESCOLAR I

Não faz muito, estive, como escritor, participando de um encontro em uma escola particular de Porto Alegre. Tais momentos são sempre

---
[13] CALVINO, 1993.

ricos pela possibilidade de partilha entre escritor e leitores. Pois dia desses, tive uma surpresa em relação a um depoimento de uma menina de sétima série. Antes de fazer sua pergunta, ela me disse que era nova naquela escola e que em sua escola de origem era costume eles irem à biblioteca para retirarem livros que eram depois apresentados em aula. Contou ela que perguntou a uma colega se havia na nova escola prática semelhante. E ficou preocupada quando a colega lhe disse que a leitura era indicada pela professora e que a turma toda lia o mesmo texto.

— Quando ela me disse aquilo — falou a menina — eu achei que seria muito chato. Mas agora estou adorando, pois a gente pode trocar ideias sobre o livro lido, pode fazer atividades em grupo, sempre um dizendo o que achou do livro. E cada um acha uma coisa. Isso é muito legal. Na outra escola, eu acabava retirando sempre os mesmos livros, aqueles que eu já conhecia ou que tinham menos páginas. Aí deixava de conhecer muitos livros bons.

Tal depoimento vinha bem ao encontro de tudo o que eu pensava e executava como professor: para se formar leitores, precisa-se de momentos individuais e também espaços para troca, para partilha dos diferentes olhares.

Em relação à leitura, percebe-se que a sociedade deu à escola (e ela aceitou) o papel de formar leitores, todavia o que se vê são, com honrosas exceções, equívocos ao se julgar que o leitor se forma sozinho e que a leitura é apenas fruição. Ora, escola é espaço para aprendizagem, e a leitura também precisa ser ensinada. Os alunos necessitam de que alguém mostre a eles caminhos de leitura, indique títulos, revele o prazer que as palavras possuem e todo o universo que as páginas de um livro escondem. O depoimento citado acima é exemplo disso.

Para tal, a indicação de títulos semelhantes para todos os alunos se torna de fundamental importância, visto que apenas assim (pelo menos eu não consigo ver diferente) o professor pode ser o agente facilitador, o guia que indicará caminhos possíveis de entendimento a seus alunos, sendo o mediador entre a obra indicada e os leitores.

Eu acredito na obrigatoriedade da leitura.

Acredito que o leque de indicações mensais não pode ser variado. As indicações revelam sempre um projeto de leitura, mostram que o professor pensa, planeja, organiza suas estratégias de formação de leitores.

Claro que não adianta apenas obrigar a leitura, mas sim tornar essa obrigatoriedade algo sempre renovador e desafiador. Para tal, penso que é necessário se repensar a metodologia.

Ler apenas para uma prova: não!

Ler apenas para detectar características de época ou de escola: não!

Ler apenas o que eu quero: não!

Indicar ao aluno apenas o que já se sabe que ele lê: não!

Práticas como estas em nada contribuem. Ao contrário. São viciantes, acomodativas, além de enganar a todos: uns fingem que leem; os outros fingem que formam leitores.

E tudo segue igual.

PEQUENO CASO ESCOLAR 2

Certa vez, numa das tantas palestras sobre formação de leitor literário que ministro pelo Rio Grande do Sul, uma professora, diante de minha defesa da obrigatoriedade da leitura, seguida da orientação do professor, disse-me que costumava incentivar a leitura através da formação de uma pequena biblioteca na sua sala de aula. Todavia, ela falou estar enfrentando dois problemas. O primeiro é que ela sempre colocava na lista que fazia parte do material escolar um livro de historinhas ou de poesia. Ora, como os pais não têm a obrigação de saber o que é qualidade quando se fala em literatura infantil ocorria de os alunos trazerem para a sala os mais variados textos, desde adaptações condensadíssimas de contos de fadas, até livros mal-realizados. Assim, aquilo que deveria ser algo bom tornava-se uma babel. Além, contou-me ela, de muitos trazerem gibis.

Comentei com a professora que sua atitude era louvável, com certeza. Ter uma pequena biblioteca em sala sempre é encontro com mais e mais livros, sempre é possibilidade de que em momentos de folga possa-se abrir espaço para que os alunos leiam. Porém, a liberdade em trazer o título que quisesse fez com que o projeto não atingisse seu objetivo. Orientei-a que, num próximo ano, ela anexasse à lista de material escolar uma lista com uma seleção prévia de livros, que já tivessem passado por seu critério de qualidade e que pudessem, inclusive, ser trabalhados com toda a turma. Ora, se a professora limita o número e os títulos dos livros, ela pode ter sobre a biblioteca da turma um poder de orientação bastante maior, visto que saberá a qualidade dos livros ali dispostos, evitando a confusão entre gibi e livro, além de poder orientar a leitura de seus alunos com maior qualidade.

PEQUENO CASO ESCOLAR 3

Outra situação que me recordo e que tem a ver com pequenas bibliotecas escolares é o depoimento de uma professora de terceiro ano que me disse que em sua sala de aula havia livros e gibis, e que ela, semanalmente, reservava momentos para que os alunos lessem. Para tal, eles se dirigiam à estante e escolhiam, com liberdade, os textos que queriam ler.

"Porém", disse-me ela, "Eles só pegam gibis. O que eu faço?"

Falei-lhe que é muito comum, quando temos a liberdade da escolha, de optarmos por aquilo que nos oferece menos riscos. O gibi, nesse sentido, é leitura mais fácil, menos exigente, mais peculiar à criança, muitas vezes trabalha com o humor, além de ter várias histórias curtas, o recurso da imagem sendo um facilitador. Ou seja, só "vantagens" em relação aos livros.

À professora, repleta de boas intenções, faltava, creio, assumir o seu papel de orientadora da leitura de seus alunos. E tal falha ocorria, talvez, por sua concepção de que ler é apenas um ato de liberdade.

Minha orientação foi curta e rápida. Algo simples de se fazer.

Disse-lhe que deveria determinar o tipo de leitura que eles poderiam fazer. Ou seja, definir dias para a leitura de gibis (nesses, todos leriam gibis. Apenas gibis.) e dias para a leitura de livros (nesses, todos deveriam escolher um livro, apenas livro, os gibis ficariam esperando seu dia).

Simples, parece-me, visto que a professora, num primeiro momento, não fará juízo sobre o valor literário das revistas em quadrinhos em relação aos livros. Afinal, a proposta é apenas propiciar um espaço para a leitura em sala. Todavia, aos poucos, tal prática poderá propiciar que a professora possa assessorar seus alunos, estabelecendo diferenças entre os dois tipos de textos e assegurando que não apenas os gibis sejam lidos. Pode, ainda, através da execução de algum roteiro de leitura (conforme veremos mais adiante) fazê-los perceber que, no gibi, imagem e texto estão intimamente ligados, não abrindo espaço para a imaginação. Tudo é dado de forma mais pronta, mais fácil, enquanto que, nos livros, mesmo os ilustrados, há espaço para a imaginação, para o preenchimento de lacunas, sendo que a boa ilustração não é apenas e meramente reprodução do que está escrito.

3. Livro é caro.

Em minhas visitas a escolas ou feiras de livro, quer como escritor ou como professor, tornou-se comum e rotineiro ouvir que a dificuldade em formar leitores reside também no preço do livro. *Livro é caro*, ouço educadores afirmarem.

Discordo.

Livro jamais será caro para quem faz dele uma necessidade.

O que se percebe, de fato, é que livro não é gênero de primeira necessidade. Nem nos lares e tampouco nas escolas brasileiras.

Ora, se o livro se tornasse uma necessidade (para isso precisaríamos de pais e de professores conscientes da real importância da leitura e da aquisição de livros), seu valor não seria medido.

Quando professores me apresentam o preço do valor do livro como impeditivo na formação do leitor, costumo perguntar-lhes o seguinte:

— Qual de vocês, quando uma criança pela qual vocês têm afeto lhe demonstra que um bem é necessário para ela, não busca sanar tal necessidade?

E, neste momento, o valor do bem que está sendo pedido não interessa. Se preciso, ele é comprado a prazo ou no cartão. Mas a certeza de que é necessário faz com que queiramos suprir sua falta, a fim de satisfazer aquele pequeno ser que amamos. Há muitas "necessidades" infantis ou juvenis que superam, e em muito, o valor de um bom livro e, na maioria das vezes, apesar de custarem mais, não são capazes de suscitar tudo o que uma obra literária de qualidade é.

Um livro transforma.

Um livro salva.

E, se é fonte de transformação e de salvação, seu valor não pode ser medido. Jamais.

Assim, o livro tem de ser necessário, a fim de que seu preço não seja desculpa para sua não aquisição.

Para tal, necessitamos de professores (e de pais) que acreditem no valor de um bom livro, na importância de cada criança construir sua biblioteca particular e perceber que, a cada leitura realizada, sua estante aumenta em volumes, cada um deles dando conta de um momento de encontro com a magia, com a fantasia, com a reflexão sobre o mundo, sobre a vida, sobre si mesmo. Livros aos quais poderá retornar sempre que quiser ou puder.

Cada casa brasileira deveria ter um cantinho (por menor que fosse) para abrigar livros. No entanto, não é isto que percebemos. Lembro as palavras da escritora Lygia Bojunga ao dizer que, quando criança, brincava de casinha, sendo que as paredes e o teto eram feitos de livros. Ela, verdadeiramente, morava nos livros.

"Para mim, livro é vida; desde que eu era muito pequena, os livros me deram casa e comida. Foi assim: eu brincava de construtora, livro era tijolo; em pé, fazia parede; deitado, fazia degrau de escada; inclinado, encostava num outro e fazia telhado. E quando a casinha ficava pronta, eu me espremia lá dentro para brincar de morar em livro".[14]

E por que pôde fazer isso? E por que se tornou a escritora sensível e imaginativa que é hoje? Porque em sua casa havia livros. Para serem leitura. Para serem brinquedo. Eram, pois, necessários.

Cria-se a necessidade, através de práticas que façam com que livros sejam presença, com que histórias ou poemas tatuem na alma de crianças e jovens a falta da ausência.

Penso que os momentos de leitura devem ser rituais iniciáticos. O professor deve criar tais momentos, introduzindo no universo da leitura aqueles que ainda não amam os livros e não percebem seu valor.

Para tal, podem resgatar um livro de infância, velhinho, rabiscado, cheio de anotações, livro que foi passado de geração em geração, livro que foi entregue por um pai a um filho, que entregou ao seu, que entregou ao seu, e por aí vai. Algo como um talismã familiar, um amuleto de iniciação.

Algo mágico: um livro.

4. A partir do 5º ano, as crianças perdem o gosto pela leitura.

Certa vez, estava na feira do livro de uma cidade do litoral rio-grandense. Era verão, mas muitos professores foram à praça me ouvir. Bom, perceber que, em pleno final de sábado, havia espaço para a literatura na vida de algumas pessoas que fugiam do calor da cidade.

Pois lá, entre uma pergunta e outra, ouvi aquela que já há algum tempo me incomodava:

— Por que até o 5º ano as crianças leem e, depois, não querem ler mais?

Costumo me inquietar quando uma "verdade" é repetida à exaustão. Costumo me questionar se a assertiva é mesmo verdadeira. E, diante da pergunta da preocupada professora, fui tecendo minha certeza. Que é a seguinte: não há muita diferença em relação à formação do leitor nestas duas etapas de ensino.

Ora, se até o 5º ano, a criança tem prazer em ler, por que perderá esse prazer depois? Claro, há as peculiaridades e problematizações de cada faixa etária. Outros interesses surgem, mas creio que

---
[14] BOJUNGA, 2005.

eles não são inibidores do ato da leitura para aquele que de fato é leitor, para aquele que já descobriu o prazer estético da leitura.

O que se percebe é que, geralmente, com honrosas exceções, a leitura, na Educação Infantil e nas Séries Iniciais do Ensino Fundamental, limita-se a práticas metodológicas em que o prazer meramente fruitivo e a liberdade na escolha dos títulos impedem uma orientação de qualidade do professor. Assim, a criança acaba retirando livros da biblioteca como algo rotineiro e que não a compromete em nada.

Já nas Séries Finais do Ensino Fundamental, a leitura passa a ter um caráter avaliativo. O aluno, que antes lia apenas por ler, passa agora a ter a obrigação de ler para uma prova.

Assim, enquanto que numa etapa literatura é apenas prazer; na outra é meramente conhecimento, deixando-se de lado, em ambas as etapas, duas das três funções da literatura.

Vejo que esta "verdade" se constrói sobre um erro metodológico e, para que possamos formar realmente leitores a partir dos primeiros níveis de ensino, dando sequência nos demais, necessitamos de uma metodologia que atenda as funções da literatura, ou seja, práticas docentes que privilegiem atividades prazerosas (prazer estético) bem como atividades reflexivas, que levem o leitor a pensar o texto a partir de sua visão do mundo, ampliando seus horizontes de leitura sob a orientação de um professor apaixonado por livros e que acredite na capacidade que a leitura tem de transformar.

EM BUSCA DE UMA METODOLOGIA...

Acredito que, a fim de sanar este abismo que dizem existir entre as diferentes etapas de ensino (na minha visão, abismo metodológico), o professor deve buscar uma prática docente adequada a todas as etapas de ensino, variando apenas no nível das atividades que serão elaboradas. Assim, assegura-se a unidade.

Todavia, tais atividades, creio, devem pensar o caráter de formação do leitor em dois níveis. Primeiramente, o professor buscará livros que visem à formação DE leitores, ou seja, textos que sejam atrativos e que criem nas crianças e nos jovens a vontade de ler mais, que despertem neles o desejo pela leitura, que façam com que os livros sejam produtos sempre presentes em suas vidas, sejam necessários. Num segundo momento, após já ter leitores, as práticas docentes devem suscitar propostas que objetivem, agora, a formação DOS leitores.

A diferença parece ser mínima, apenas o acréscimo de um artigo definido. Porém, este artigo muda substancialmente não apenas o sentido da expressão, mas, sobretudo, a prática que a envolve. **Formar leitor** é diferente de **formar o leitor**. Afinal, para que a segunda ocorra, é preciso que a primeira já tenha sido executada com sucesso.

A formação DO leitor pressupõe a existência de leitores, a existência de pessoas para quem a leitura tem lugar especial. Assim, a escola deve propiciar a qualificação deste leitor, possibilitando que ele possa, na interação com a palavra literária, crescer como pessoa, à medida que atua criticamente sobre o texto, sendo capaz de se transformar e de transformar a realidade que o cerca, atuando de forma cidadã. Ler não apenas pelo ato de ler, mas ler com a consciência do que significa ler, buscando sentidos naquilo que é lido.

A escola, creio, é espaço essencial para o surgimento de leitores e para sua necessária qualificação.

CRITÉRIOS DE SELEÇÃO

Antes, entretanto, de qualquer prática metodológica é de fundamental importância que o professor tenha critérios claros em relação à seleção dos textos que apresentará a seus alunos. Uma boa metodologia pode fracassar se o texto escolhido for pobre em significado.

Convém lembrar também que, já que nossas crianças e adolescentes, por vezes, leem pouco, é fundamental que leiam textos de qualidade. Esse o papel do educador e da escola: apresentar livros variados a seus alunos, livros dos mais diferentes temas (ficção científica, mistério, aventura, romance, humor, terror, policial...), nos mais diferentes gêneros (poesia, novela, conto, crônica). Todavia, independente da variação temática ou de gênero, deve ser resguardada a qualidade literária. Para tal, a clareza em relação aos critérios de seleção é fundamental.

Maria Antonieta Cunha destaca que educadores e bibliotecários, em geral, "não têm clara uma visão da verdadeira função da literatura na educação. Assim, a escolha de obras para o acervo das bibliotecas ou para recomendação de leitura extraclasse nem sempre é a mais adequada: os mesmos títulos são impingidos aos alunos, anos a fio, sem a renovação que a dinâmica do processo educativo exige para o próprio educador e para o educando. O que acaba definindo a escolha é a consulta pura e simples dos catálogos das editoras (que, evidentemente, só darão boas referências de seus títulos) ou a doação de livros, que apenas as grandes editoras podem fazer".[15]

Ah, as doações. Quantas bibliotecas escolares e públicas não vivem apenas de doações? Essas, porém, na maioria das vezes, são sobras, são restos, são livros rejeitados. O acervo de uma biblioteca, seja ela do tamanho que for, deve ser selecionado por aqueles que a utilizam em sua prática. Muitas vezes, elas estão abarrotadas de livros mal-editados, mal-escritos, preconceituosos, conservadores, que em nada contribuem para a formação do leitor. Livros descartáveis ocupando espaço, enchendo prateleiras. Apenas isso, nada mais.

Assim, creio que o professor não deva abrir mão de seu papel de indicador de obras cuja presença, para ele, é importante em sua sala de aula. Abaixo, listo algumas características que os bons textos literários possuem, a fim de orientar professores na escolha e indicação de livros a seus alunos ou às bibliotecas que seus alunos frequentam:

a) Uso não utilitário da linguagem: palavras usadas com inovação; construção estética de frases; uso de imagens (metáforas, metonímias, aliterações,...); uso de rimas, de musicalidade, de ritmo; presença de humor.

b) Vivência imaginativa: textos que provoquem o leitor na construção de mundos imaginários, que possam fazê-lo pensar sobre o mundo em que vive.

c) Independência de referentes reais, de forma direta: o real representado dá conta de uma realidade possível, que atiça a fantasia, que faz com que o leitor se pergunte sobre a possibilidade de tal história, de tais acontecimentos.

d) Formação de um mundo possível, que possui lacunas, preenchidas pelo leitor de acordo com suas experiências: texto aberto, que promova uma interação maior entre leitor e texto. As histórias fechadinhas (e há tantas para crianças e adolescentes, como se seus escritores julgassem que estes públicos são incapazes de agregar valores e sentidos aos textos) abundam nas salas de aulas, visto que não oferecem riscos às interpretações.

---
[15] ABRAMOVICH, 1989.

e) Plurissignificação: textos que possibilitem o diálogo entre aqueles que o leem, que possibilitem variados caminhos de interpretação.

f) Reserva de vida paralela: livros em que o leitor encontra o que não pode ou não sabe experimentar na realidade.

g) Captura o leitor: ampliação das fronteiras existenciais sem oferecer os riscos da aventura real.

h) Pressupõe a participação ativa do leitor: não basta decodificar o que está escrito, o texto exige posicionamentos interpretativos.

Neste sentido, o acervo de uma biblioteca e as indicações de professores devem ter qualidade literária; devem abrir um leque de possibilidades imaginativas e reflexivas; devem suscitar maior desejo de leitura; devem emocionar; devem, enfim, contribuir com a formação do leitor crítico. Não esqueçamos que o bom texto é aquele, segundo Iser, que propicia **deleite, reflexão e transformação**.

Nelly Novaes Coelho destaca que toda leitura que se faça de forma consciente ou não "em sintonia com a essencialidade do texto lido, resultará na formação de determinada consciência de mundo no espírito do leitor; resultará na *representação* de determinada realidade ou valores que tomam corpo em sua mente", ou seja, há na leitura um "poder de fecundação e de propagação de ideias, padrões ou valores que é inerente ao fenômeno literário".[16] Assim, ao ter contato com textos de qualidade, o leitor qualifica a própria existência, à medida que atua de forma ativa sobre o texto lido e este sobre o leitor.

Ler é oportunidade de crescimento intelectual e emocional, sempre que o texto indicado possuir recursos artísticos e estéticos, condição essencial da literatura.

"A literatura, por ser uma cápsula energética de vidas, potencializa forças que dizem respeito aos homens de todos os tempos, razão por que o leitor do presente sempre encontra respostas nas questões colocadas pelas grandes obras do passado. Daí que quanto mais atento à vida, mais aquele que lê pode reconhecer as vivências traduzidas nas várias linguagens em que se manifesta a literatura."[17]

---

[16] COELHO, 2000.
[17] QUEIROZ, 2003.

AS TRÊS FACES DO PROFESSOR FORMADOR DE LEITORES

Ser professor é estar-se sempre em questionamento.

E, nestes mais de 20 anos de prática docente, como professor de Língua Portuguesa e de Literatura, muito me perguntei sobre qual seria a verdadeira face de um educador que assuma a tarefa (muitas vezes ingrata, visto que enfrenta barreiras na escola e na família) de formar leitores. O que esperam do professor? Como ele deve agir, a fim de que seus objetivos sejam alcançados? Objetivos, aliás, nem sempre imediatos.

Muitos recados recebo, via e-mail, Orkut e outros tantos meios, de ex-alunos me dizendo o quanto minha prática os fez perceber o valor que um bom livro possui, a importância de mergulhar em universos literários ou o quanto a leitura se incorporou às suas vidas. Alunos que, muitas vezes, em aula, eram resistentes à leitura. Alunos que, hoje, são pessoas capazes de, à distância, perceberem que a leitura é mesmo insubstituível.

Assim, neste meu refletir a prática, cheguei à conclusão de que existem três faces do professor, três possibilidades de atuação no ambiente escolar. Possibilidades que, em sua maioria, ficam apartadas do professor, já que outros profissionais a executam. Nada contra a especialização. Desde que o professor também atue em todos os momentos e ambientes de leitura na escola.

PRIMEIRA FACE: O CONTADOR DE HISTÓRIAS

> Quando uma criança escuta, a história que se lhe conta penetra nela simplesmente como história. Mas existe uma orelha detrás da orelha que conserva a significação do conto e o revela muito mais tarde.
>
> Louis Pawel

Fanny Abramovich, em seu livro *Literatura infantil: gostosuras e bobices*, diz o seguinte sobre a contação de histórias: "Ah, como é importante para a formação de qualquer criança ouvir muitas, muitas histórias... Escutá-las é o início da aprendizagem para ser leitor, e ser leitor é ter um caminho absolutamente infinito de descoberta e de compreensão do mundo. (...) Ler histórias sempre, sempre... É poder sorrir, rir, gargalhar com as situações vividas pelas personagens, com a ideia do conto ou com o jeito de escrever dum autor e, então, poder ser um pouco cúmplice desse momento de humor, de brincadeira, de divertimento."[18]

Hoje, no entanto, percebe-se que, nas famílias, quer por questões econômicas, quer por questões sociais, o papel de contador de histórias foi delegado à televisão. A figura dos pais e avós narradores está em extinção e, com ela, estão em risco de desaparecimento também as canções de ninar, os trava-línguas, as quadrinhas. Na escola, na maioria das vezes, a contação é delegada para um professor em especial. Assim, fica parecendo que contar histórias não é prática escolar de valor, já que ela ocorre "fora" do ambiente da sala de aula e, muitas vezes, não tem nenhuma relação com aquilo que o professor - titular da turma vem desenvolvendo. Este, por vezes, nem toma conhecimento de que história foi narrada ou que tipo de atividade foi realizada, sendo que, geralmente, a prática da contação de histórias está restrita à educação infantil e aos primeiros anos do ensino fundamental. A 4ª série ou o 5º ano é a fronteira derradeira para quem gosta de ouvir histórias, sendo que, se parte sempre do pressuposto de que, ao ingressar nas séries finais do ensino fundamental, o adolescente perde o gosto por ouvir histórias. Mas pergunto: existirá idade para o prazer de ouvir uma história bem contada? Não. Em rodas de amigos, em encontros quaisquer, sempre que alguém começa a narrar uma história interessante, uma piada, ou o que quer que seja, a plateia silencia para ouvir. Talvez, retomando os tantos séculos em que ouvir histórias era certeza da manutenção da memória de um povo e, também, momento de lazer e de troca.

Por que, então, banir da escola prática tão ancestral e de tanta valia?

Ouvir histórias e contá-las é primeiro passo na formação de leitores, de pessoas para quem o *Era uma vez* institui uma nova atmosfera, um novo universo.

Afinal, ouvir histórias, desde pequeno, é:
– suscitar o imaginário, abrir espaço para a fantasia;
– ter curiosidade em relação a tantas perguntas que o mundo nos impõe;
– encontrar outras ideias e possibilidades para solucionar questões;

---
[18] ABRAMOVICH, 1989.

– encontrar aconchego, espaço para troca, já que "parar a rotina da vida" para ceder alguns momentos de contação é oferecer ao outro um pouco da beleza das histórias conhecidas e amadas pelo contador delas;

– possibilidade de entender o mundo que nos cerca e nos amedronta;

– identificar-se com os personagens e, como eles, solucionar conflitos, vivenciar outras realidades.

Ouvir histórias é preparar alguém para a entrada no universo das palavras literárias escritas.

Todavia, a contação de histórias exige uma preparação, quando realizada na escola. Não se pode pegar um livro ao acaso. O contador precisa conhecer as histórias que irá narrar, a fim de explorar sua riqueza de modulações orais, diferenciando os tons e timbres de voz de cada uma das personagens, assim como conhecer o vocabulário, para que não incorra no erro de não saber pronunciar alguma palavra, ou trancar a fluidez narrativa ao se deparar com um termo estranho ou que julgue não apropriado. O livro escolhido deve ser amado por seu contador, pois só assim haverá sintonia entre ambos e o resultado será o melhor possível para aquele momento, atraindo a atenção total da plateia.

É interessante, também, iniciar leitura com algumas fórmulas clássicas, já bem conhecidas do público, tipo *Era uma vez*, ou *Há muitos e muitos anos*, ou *No tempo em que os animais falavam*; assim como para encerrá-la: E entrou por uma porta e saiu pela outra, quem quiser que conte outra. Tais expressões instituem um momento próprio, particular, singular, como se alertasse o público, avisando-o: *Atenção, agora será narrada uma história*.

UMA EXPERIÊNCIA MINHA

Lembro que vivi, na escola, muitas experiências como contador de histórias. Mas a mais significativa foi em uma turma de 8º ano do Ensino Fundamental. Certa vez, questionei-os sobre o porquê da agitação ou da pouca atenção e importância que revelavam em relação aos estudos, visto que os resultados trimestrais não estavam bons em nenhuma disciplina.

Falei assim:

— Lembro que, quando vocês eram pequenos, vinham para a escola sempre sorrindo, sempre felizes, loucos para realizarem as atividades. Por que isso mudou?

Então, para minha surpresa, eles disseram:

— Ah, é que naquela época havia coisas que não existem mais.

Eu, de novo:

— O que, por exemplo?

E eles:

— A gente podia ser o ajudante do dia, tinha hora do conto, em que a gente ouvia histórias, sentados com perninhas de índio.

E foram citando tantas e mais atividades que a escola julgou que, por eles terem evoluído nas etapas de ensino, não lhes interessavam mais.

Aí, disse-lhes:

— Ora, se o problema é esse, vamos resgatar alguns destes momentos. A partir de amanhã, escolherei o ajudante do dia e teremos também um momento de Hora do Conto.

Eles riram. Duvidaram, acho. Mas eu cumpri a promessa. Em casa, escolhi uma história infantil que me agradava muito, um reconto de um conto popular, escrito em quadrinhas rimadas: O pintinho Quiriquiqui.[19] *Ensaiei a leitura (a qual já conhecia bem por tê-la realizado várias vezes para minhas filhas).*

No dia seguinte, reuni os alunos no pátio. Pedi que, se quisessem, podiam fazer pernas de índio. E, sentados em círculo, iniciei a hora do conto. No início, um risinho aqui, outro ali. Eram adolescentes dos seus 13 ou 14 anos, que foram, aos poucos, sendo contagiados pela magia da leitura que ouviam, talvez repletos de uma nostalgia tão desejada inconscientemente.

Depois desta, vieram outros momentos de contação de histórias. Sempre pedidos por eles, sempre com total atenção.

Cumpre lembrar também que eram alunos que estavam num momento de despedida. Logo o final do ano os brindaria com a formatura do Ensino Fundamental, o ingresso no Ensino Médio. Aquela hora do conto (e as outras que surgiram depois), hoje vejo, eram também ritual de despedida.

---

[19] Esse texto faz parte da coleção Clássicos Infantis, publicada pela Editora Moderna. A coleção possui recontos de contos de fadas, de fábulas, de contos populares. Todos através de quadrinhas rimadas, sem perder a essência e a atmosfera dos textos originais.

E ainda, naquele momento, a partir daquela situação, dei-me conta de algo que deveria ser óbvio para todo aquele que ama a leitura, quer individual, quer partilhada: quem gosta de ouvir histórias jamais deixa de gostar. A contação de histórias independe da idade do público.

Óbvio.

Porém, pouco percebido na maioria das salas de aula das séries finais do ensino fundamental e nas do ensino médio.

Precisamos, pois, de professores contadores de histórias. Quaisquer que sejam. Momento de troca, de iniciação ao mundo da leitura.

SEGUNDA FACE: GUIA NA BIBLIOTECA

Olhando a realidade brasileira, nota-se que poucas são as famílias que frequentam bibliotecas públicas e que fomentam a formação de uma biblioteca familiar. Quantos lares estão nus de livros? Em quantas casas não há espaço para uma estante de livros?

Nas escolas, embora haja um ar de mudança em relação à função de uma biblioteca escolar, percebe-se que ainda, em muitas delas, as bibliotecas são vistas como depósito (livros velhos, acervo pouco renovado e atualizado), como castigo (espaço destinado a alunos que chegaram atrasados ou que não tiveram postura adequada em aula), como templo (espaço meio sacralizado em que a alegria, a conversa, a liberdade foram banidas). Em outros momentos, o acesso à biblioteca é livre, mas completamente desorientado, visto que aquele que a ela chega não encontra alguém qualificado para lhe mostrar caminhos, para indicar leituras, para ofertar possibilidades de encontros literários.

Assim, compete ao professor ser este guia, ser um aliado de quem atua na biblioteca, a fim de transformá-la naquilo que de fato ela merece ser:

– Lugar de pesquisa
– Descoberta de universos literários.
– Descoberta de novos autores.
– Espaço de troca e de partilhas literárias.
– Ambiente para a indicação e orientação de caminhos de leitura.
– Contato com acervo de qualidade.

A BIBLIOTECA EM BUSCA DA FORMAÇÃO DO LEITOR CRÍTICO: ALGUMAS PRÁTICAS

1. Visitas guiadas à biblioteca

Em colaboração com o bibliotecário, o professor pode organizar sessões curtas de visita à biblioteca da escola (pode visitar a municipal também) a fim de orientar leitores sobre o funcionamento da biblioteca, com o objetivo de explicar a organização, o sistema de ingresso de livros (compra, doações), a forma de catalogação, a fim de que o leitor saiba como procurar um livro no fichário, as regras de funcionamento, etc. Esta iniciativa poderia ser complementada com um debate sobre temas afins, por exemplo: a importância da biblioteca escolar, o seu modo de funcionamento, direitos e deveres do leitor, o cuidado com os livros etc. Pode-se também preparar alguns alunos para serem monitores da biblioteca, a fim de auxiliarem os colegas na indicação de livros, na busca por títulos, entre outras atividades.

2. Sugestões de eventos e de atividades que podem ser organizadas pelo professor para ocorrerem na biblioteca. É interessante que tais atividades sejam periódicas, a fim de criar o hábito e a tradição entre a comunidade escolar.

2.1. Entrevista com pais e professores sobre hábitos de leitura;
2.2. Organização de saraus. Podem ter um tema ou homenagear algum escritor. Pode ser, a cada mês, preparado por uma turma.
2.3. Destaque: autor do mês. Criar algum espaço na biblioteca para dar destaque a um escritor. Expor seus livros, acompanhados de breve biografia e de uma foto do autor, buscando ampliar o leque de conhecimento da comunidade escolar do acervo da biblioteca, bem como do universo literário.
2.4. Mural: fragmento de uma narrativa. Colocar no mural, com certo destaque, letra grande, um pequeno trecho de uma narrativa do acervo da biblioteca, a fim de atrair a atenção para aquele texto e a possibilidade de leitura.
2.5. Recreio a ler. Levar para além das paredes da biblioteca o acervo, a fim de que durante o recreio os alunos possam ter contato com os livros e, quem sabe, lerem um pouco. Pode ocorrer mensalmente um recreio mais prolongado, em que, sob a orientação dos professores, os alunos parariam um tempo para escolher um título para lerem no recreio. Para tal, dispor os livros no pátio em estantes ou em bancos.

2.6. Varal de poemas. Construir num espaço da biblioteca um varal onde serão afixados poemas de livros do acervo.

2.7. Hora do conto. Independente de faixa etária e etapa escolar, organizar momentos de contação de histórias com livros do acervo da biblioteca.

2.8. Confraria da leitura. Fomentar a existência de um grupo de pessoas da comunidade escolar que se reúnam periodicamente para conversarem sobre algum texto literário, semelhante aos clubes de leitura europeus e norte-americanos.

2.9. Encontros com escritores. O encontro com autores sempre é momento rico de troca, que aproxima o leitor do texto, desmistificando a figura do escritor como alguém "iluminado". A aproximação pode despertar nas crianças e nos adolescentes o desejo pela escrita e pela leitura.

2.10. Encontro: professor-leitor; pais-leitores, aluno-leitor, funcionário-leitor: Alguém da comunidade escolar é convidado para falar sobre suas impressões de leitura: "O livro que não esqueci".

2.11. Caixa de sugestões de títulos. Espaço para que a comunidade possa sugerir livros a serem adquiridos para o acervo da biblioteca. Assim, sentem-se mais participativos.

Estas são apenas algumas sugestões para melhor aproximar a comunidade escolar, sobretudo os alunos, do espaço da biblioteca. Esta deve ser o pulmão da leitura da escola. Ao redor dela, devem ocorrer muitas e muitas atividades que visem à aproximação com os livros. Assim, a biblioteca se tornaria "um lugar de encontro entre as crianças e de possível abertura de caminho para a leitura".[20]

Cabe ao professor, ser o guia.

TERCEIRA FACE: ORIENTADOR DA LEITURA

Lembro que, em uma passagem do livro *Reinações de Narizinho*, Emília, fascinada pelo tecido que Dona Aranha escolheu para fazer o vestido de noiva de Narizinho, faz algumas perguntas para a costureira, a fim de entender a tamanha beleza que reside nele. A boneca pergunta quem o teceu e Dona Aranha responde que foi a Fada Miragem. Não satisfeita a curiosidade, Emília insiste:

---
[20] SANDRONI, 1991.

– E a senhora corta esse tecido com que tesoura?

Dona Aranha diz que corta com a tesoura da imaginação, que usa a agulha da fantasia e a linha do sonho.

Miragem, imaginação, fantasia e sonho são a matéria-prima daquele vestido que a Aranha tece artisticamente, enchendo os olhos de todos de prazer estético. Ver algo belo encanta os olhos.

E é isso que nós, professores, deveríamos ter meios para fazer: ensinar nossas crianças e adolescentes a olharem, a perceberem a beleza que se esconde num produto artístico, numa história bem contada. Afinal, Lobato no episódio citado, na minha visão, faz uma espécie de manifesto a favor da arte: produtos artísticos criam miragens, incentivam a fantasia e a imaginação, fazem sonhar.

Assim, creio que os professores que têm a função de despertar corações leitores devem ser farol a orientar olhares, buscando ao máximo desviar seus alunos das pedras, a fim de que, guiados pela luz do farol da literatura, eles possam aportar em terras seguras, em ilhas de fantasia, em universos de sonho e de magia.

Parece-me óbvio, no entanto, que para que o professor possa ser esse iluminador de caminhos, esse orientador, ou seja, a pessoa que dirá: *Presta atenção nesse livro*, é necessário que ele seja um ser apaixonado pela leitura, alguém que tenha plena consciência de que ler faz a diferença, alguém que seja leitor e que tenha conhecimento qualificado do acervo disponível na biblioteca da escola e nos catálogos das editoras, alguém em sintonia com o mercado editorial, capaz de separar "o joio do trigo", selecionando e indicando para seus alunos textos abertos, não conservadores, cuja ideologia não seja doutrinária, fechada, limitadora. Textos assim não provocam miragens, não incentivam a imaginação e a fantasia, não despertam sonhos, não formam cidadãos críticos.

Segundo Maria Helena Frantz, a "relação professor-texto-leitor exige, em primeiro lugar, que o professor seja um leitor, isto é, que tenha conhecimento de um acervo literário significativo que amplie seu próprio universo cultural que lhe dê condições de sugerir leituras significativas a seus alunos". [21]

É preciso, pois, que o professor seja um necessitado de leitura. E que fale de suas leituras com paixão, com emoção. Palavras ditas sem emoção soam vazias, pobres, destituídas de verdade.

---
[21] FRANTZ, 1998.

E crianças e adolescentes não são tolos, eles percebem quando a alma fala.

O professor é bendito quando transforma sua sala em ambiente fomentador de leitores, como afiança Castro Alves, em seu poema *O livro e a América*. Já no século XIX, o poeta romântico percebia e cantava a necessidade de haver semeadores de livros.

**"Oh, bendito o que semeia
Livros... livros à mão cheia...
E manda o povo pensar!
O livro caindo n'alma
É gérmen que faz a palma,
É chuva que faz o mar".**

Assim, na visão do poeta, somos benditos no próprio ato da semeadura. E, como semeadores, já diz a parábola bíblica *O semeador*, não devemos querer atingir a todos no mesmo momento. Cada construção de leitor é única. Cada pessoa tem seu tempo, sendo que alguns, talvez por motivos não compreensíveis, jamais se encontrarão com a leitura. Isso é terrível, para aquele professor que entende o quanto a leitura é qualificadora de vidas. Porém, na parábola, é dito que vários são os terrenos: o pedregoso, o seco, o cheio de espinhos, o fértil. Cada aluno é também um terreno. Cada um receberá os convites para enveredar no universo da leitura do jeito que pode. Cabe ao professor tentar limpar o terreno das pedras e dos espinhos ou de aguá-lo. Tarefa, por vezes, difícil; tarefa cujo resultado é demorado, outras vezes.

Mas quando se tem consciência do valor da leitura e de sua capacidade de transformação, buscam-se práticas que possam produzir mais sucesso. Afinal, a leitura literária é sempre possibilidade de:

– Imaginação, fantasia, criatividade, inventividade;
– Conhecimento, sabedoria, cultura;
– Poder colocar-se no lugar do outro;
– Viver experiências novas ou impossíveis;
– Inserir-se numa cultura;
– Conhecer o outro e conhecer-se;
– Tornar-se mais sensível;
– Ser cidadão;
– Existir.

Assim, o caminho, creio, são os roteiros de leitura. Uma prática que tenho desenvolvido e que tem dado resultados muito bons.

REPENSANDO A METODOLOGIA: ROTEIROS DE LEITURA

Como disse anteriormente, acredito na indicação obrigatória. O primeiro passo é o aluno perceber que é dada certa importância para a leitura e, para muitos, a importância se revela pela forma como tal atividade é cobrada, é exigida, é organizada.

A indicação de livros, com certeza, deve estar inserida num projeto maior, não apenas a cobrança da leitura por si só, mas a capacidade de ressignificá-la. Para tal, carecemos de professores que — mais do que professores — sejam, de fato, fomentadores de leitores. Professores apaixonados por livros. Mais até, viciados! Professores que se alegrem com as letras. Professores que andem com livros debaixo do braço. Professores que leiam poemas, contos, fragmentos de textos em aula. Professores que contem sobre o que estão lendo para seus alunos. Professores capazes de se emocionarem ao ler um bom texto.

Afinal, só formaremos leitores se acreditarmos na importância de tal façanha. E só acreditaremos, visceralmente, se formos leitores. E, uma vez contaminados pelo vírus da leitura, não há mais cura. É doença para sempre. Mas como contaminar o outro com o amor aos livros, se eu não o tenho? Costumo dizer que um professor que pretenda formar leitores deve sempre andar munido com uma seringa com sangue contaminado, a fim de inocular seus alunos, a todo o momento, com o vírus da leitura. Todavia, de onde retirar mais sangue quando a seringa esvaziar? A fonte de abastecimento, o foco viral, tem de ser o professor, caso contrário, sua prática será equivocada ou fracassada.

Além dessa premissa básica, sem a qual, creio, é desnecessário pensar um projeto de leitura, é importante uma metodologia que contemple o prazer e a reflexão. Assim, proponho algumas possibilidades que, a meu ver, podem qualificar o trabalho com a literatura em sala de aula:

a) Leitura com objetivo: ao indicar o livro, o professor deve apresentar alguns possíveis caminhos para que o aluno-leitor seja subsidiado, guiado, em seu mergulho no universo literário que se apresenta em toda a sua fantasia, magia, peculiaridade. Solicitar que os alunos leiam com os olhos atentos a determinada questão, às relações entre os personagens, ao cenário, à intertextualidade. Enfim, iluminar a leitura, apresentando alguns caminhos possíveis de apreensão do texto. Não que estes caminhos sejam únicos e definitivos. Ao contrário: são pontapés iniciais, a partir dos quais os leitores serão convidados a construírem outro e mais entendimentos.

b) Apesar de o professor sugerir caminhos, deve apresentar e aceitar a literatura como um baú de descobertas, em que inexiste uma interpretação correta, mas, sim, várias possibilidades de entendimento, desde que referendados ou justificados pelo texto. Ao oferecer uma (ou mais) chave de interpretação, o texto literário vai ao encontro do leitor, colocando-o como elemento primeiro diante do texto, que se abre — enigma a ser revelado — já que o aluno não deve encontrar no texto apenas o que o professor encontrou. Como a palavra-arte desautomatiza, a leitura do professor deve abrir-se a possíveis descobertas dos alunos.

c) Organizar as indicações privilegiando relações intertextuais em que o aluno possa perceber que há um sistema produtor de literatura e que os livros *conversam* entre si. Uma leitura capacitando o leitor para a próxima e, assim, sucessivamente.

d) Indicação de clássicos, que fazem parte da cultura universal, bem como de textos contemporâneos, procurando, por vezes, atender o universo de expectativas do leitor, para, em seguida, rompê-lo.

e) Utilizar, como metodologia, a aplicação de roteiros de leitura, organizados a partir de quatro etapas básicas: motivação, leitura, exploração e extrapolação.

Na **motivação**, o professor deverá criar atividades que sirvam como motivadoras da ação da leitura. Ou seja, buscará despertar o desejo da criança ou do adolescente para o texto. Na **leitura**, que pode ser feita em aula ou extraclasse, dependendo da extensão do texto e da faixa etária dos leitores, o professor indicará possibilidades interpretativas, direcionando o olhar do leitor para aquilo que seria interessante ele ater-se. Na **exploração**, realizada durante e/ou após a conclusão da leitura, o professor criará atividades variadas de compreensão e interpretação do texto literário lido, a fim de que o repertório de leitura do aluno cresça e este possa estabelecer relações entre o texto e o mundo. Na **extrapolação**, o professor levará os leitores a irem além do lido, exercitando a criatividade e a inventividade. Momento rico de troca, de prazer criativo, fruitivo e, também, intelectual.

É importante reforçar que cada uma das etapas deve privilegiar atividades lúdicas e atividades reflexivas, a fim de que a leitura possa atender as funções de deleite e de reflexão.

A fim de exemplificar de forma mais clara, seguem algumas sugestões de roteiros de leitura com alguns textos literários para crianças e para adolescentes. Todos respeitam a estrutura: motivação, leitura, exploração e extrapolação. As atividades buscam suscitar reflexão e prazer, sendo adaptadas conforme a faixa etária do público-leitor. Destaco que são apenas sugestões, ficando a cargo do professor acrescentar ao roteiro atividades que julgue mais adequadas à sua turma, afinal ninguém melhor para saber as necessidades e as capacidades de cada turma de alunos do que seu professor.

É interessante ressaltar também que cada roteiro de leitura tem seu tempo de execução, podendo durar um turno, uma semana, uma quinzena, um mês. Tudo dependerá de alguns fatores: objetivo do professor, faixa etária do público-leitor, disponibilidade de exemplares (se só houver um, o professor pode fazer leitura em aula; se houver vários, a leitura pode ser extraclasse), número de páginas do livro, tipo de atividades propostas (elas podem ser realizadas em aula ou extraclasse), etc.

SUGESTÕES DE ROTEIROS DE LEITURA

Os roteiros que seguem são exemplos de propostas de trabalho com leitura literária, que buscam acercar-se da leitura, através de atividades lúdico-reflexivas, que levem os alunos a interagirem de forma racional e de forma lúdica com o texto literário.

Para tal, são sugeridas atividades motivacionais, de leitura, de exploração do texto e de extrapolação, em que se busca desenvolver a criatividade do aluno a partir do texto lido. É interessante, nas questões reflexivas, além de buscar a compreensão e a interpretação do que foi lido, suscitar práticas que levem o aluno a expor sua opinião crítica, bem como sua visão de mundo. Preocupei-me em sugerir diferentes leituras, que possam atingir a diferentes níveis de leitores, assim como a diferentes faixas etárias e para diferentes tipos de textos: contemporâneos, juvenis, infantis, clássicos, fábula. Apresento também breve resumo do livro, a fim de situar o professor, caso esse desconheça o livro sugerido, para que possa ter maior compreensão das atividades sugeridas.

Reforço que são apenas sugestões, exemplos, pontos de partida. Não são receitas infalíveis. Muitos deles, inclusive, já utilizei em sala de aula, com resultados bem positivos. Se os sugiro, é por perceber sua eficácia na formação de leitores literários críticos. Assim, compete ao professor, a partir de suas vivências de leitura e de seus diagnósticos em relação às turmas, adaptar os roteiros que apresento, criando novas atividades, recriando as sugeridas, enfim, elaborando roteiros que mantenham a estrutura (motivação, leitura, exploração e extrapolação), mas que vão ao encontro das necessidades dos leitores.

ROTEIRO 1 (para livro infantil): *Eduarda na barriga do Dragão*, de Caio Riter

Breve apresentação do livro para orientação do professor: Eduarda na barriga do Dragão conta a história de uma menina chamada Eduarda que vive, com suas duas bonecas, dentro da barriga de um enorme e verde dragão. Temerosa, amedrontada, ela descobre um modo de se livrar do medo: escreve poesias. Assim, as poesias vão libertando Eduarda. Ela abre seus olhos de bolita negra e descobre que o Dragão não é nada mais do que uma lagartixa em sua janela. Com uma ilustração primorosa de Elma, o livro encanta as crianças.

MOTIVAÇÃO

1. O professor prepara previamente um quebra-cabeças cuja imagem a ser montada seja um dragão. Distribui as peças às crianças, a fim de que elas montem o quebra-cabeças e descubram quem ele esconde.

2. Construir, junto com os alunos, um dragão de sucata. Grande. Verde. Em cujo interior seja possível entrar uma criança. Para tal, pode ser usada uma caixa de papelão que tenha servido para embalar uma geladeira ou um televisor.

Cada criança entrará na barriga do dragão. Lá dentro, deverá desenhar ou escrever o que sentiu ao entrar dentro da barriga de um dragão. Após troca de ideias, cada criança retorna à barriga e cola nas paredes do dragão seu desenho ou seu texto.

3. Dizer às crianças que existe um livro (mostrar o livro a eles) em que uma menina vive dentro da barriga de um enorme dragão. O que será que ela faz lá? Como será que entrou? Vamos conhecer a história da *Eduarda na barriga do Dragão*, de Caio Riter.

LEITURA OBJETIVADA

1. Entregar a cada criança um quadro em que apareçam os principais personagens:

EDUARDA	DRAGÃO
ZOÉ	LETÍCIA

2. Ao ler o livro, as crianças deverão ir preenchendo o quadro com as principais características de cada um dos personagens e as relações que existem entre eles (sentimentos de um para com o outro).

3. Solicitar que as crianças, no decorrer da leitura, percebam qual dos personagens têm medo e quem provoca medo. Qual a reação de cada um deles em relação ao medo? Quais seus medos?

EXPLORAÇÃO

1. Numa rodinha de bate-papo ou por escrito (caso as crianças já sejam alfabetizadas) lançar algumas questões que envolvam as habilidades de compreensão, de interpretação e de opinião sobre o livro, a fim de que as crianças possam refletir sobre o lido (ou ouvido), trocando ideias com seus pares e percebendo diferenciados pontos de vista sobre uma mesma questão.

Sugestões de questionamentos:

a) Como Eduarda vivia na barriga do Dragão?
b) Suas bonecas a auxiliavam? Como?
c) Você, no lugar de Eduarda, agiria como ela? Por quê?
d) Se você estivesse numa situação semelhante, como faria para sair da barriga do dragão?
e) Por que as poesias ajudaram Eduarda a enfrentar seus medos?
f) Você, como a Eduarda, já escreveu alguma poesia? Se nunca, tem vontade?

2. Brincando de poetar

a) Brincar de rima com os nomes das crianças (ou outros) e o título do livro.

Exemplos:

EDUARDA NA BARRIGA DO **DRAGÃO**
HELENA NA BARRIGA DA **HIENA**
JOÃO NA BARRIGA DO **LEÃO**
RAFA NA BARRIGA NA **GIRAFA**
MANOELA NA BARRIGA DA **GAZELA**

b) Reescrever um dos poemas que Eduarda criou.

Batatinha quando nasce
Espelha ramas pelo(a)
Sou menina e vivo presa
Na barriga de uma

Exemplo:

Batatinha quando nasce
Espalha ramas pela areia
Sou menina e vivo presa
Na barriga de uma baleia.

3. Jogo: Dominó da Eduarda

Construir em papel-cartaz um dominó em que as peças sejam montadas a partir de perguntas e de respostas. As crianças jogam, buscando encaixar as peças de acordo com a história ouvida.

Exemplo:

PEÇA 1

	QUEM ERA VERDE E GRANDE

PEÇA 2

DRAGÃO	TINHA OLHOS DE BOLITA

PEÇA 3

EDUARDA	ERAM BONECAS

PEÇA 4

| ZOÉ E LETÍCIA | O QUE ESPANTAVA O MEDO |

PEÇA 5

| POESIA | A BONECA FELIZ ERA... |

1. Construir com a turma uma Eduarda de pano ou de sucata. Cada um pode trazer alguns retalhos de casa, botões, linhas, lãs...

2. O diário de Eduarda: organizar um caderno (colar ilustração da Eduarda na capa) e convidar as crianças para que levem a boneca Eduarda para casa. Junto irá o diário. Eles deverão conviver com a Eduarda em casa e, após, registrar no diário, através de desenhos ou por escrito (os pais podem auxiliar aqui), o que a Eduarda viveu com eles em casa.

Após a Eduarda e seu diário acompanharem todos os alunos da turma, eles ficarão na sala de aula, podendo, em cada início de aula, o professor solicitar que uma das crianças leia uma aventura da Eduarda na casa de um colega.

Fonte: *Eduarda na barriga do Dragão*, Caio Riter, editora Artes e Ofícios, 2006.

ROTEIRO 2 (para livro infantil): *A margarida friorenta*, de Fernanda Lopes de Almeida.

Breve apresentação do livro para orientação do professor: O livro de Fernanda Lopes de Almeida narra, de forma simples, mas bastante sensível, a história de uma Margarida que passa muito frio e as tentativas de uma Menina e de seu cão de solucionarem o problema da pobre flor. Após algumas tentativas, a Menina descobrirá que o frio da Margarida era pela falta de carinho. No texto, ilustração e escrita estão intimamente ligadas na construção do sentido e, sobretudo, do final em aberto, que abre espaço para que a criança interaja de forma criativa com o livro.

MOTIVAÇÃO

1. Confeccionar em papel um boneco da margarida. Pode ser usada uma ilustração do livro.

2. O boneco conversa com as crianças, diz que ela tem um grande problema: sente muito frio. Então, convida para escutarem a sua história.

3. Após o convite, o professor fixa a imagem da margarida no quadro.

LEITURA OBJETIVADA

1. Apresentar o livro A *margarida* friorenta e solicitar que escutem a história, que foi escrita por Fernanda Lopes de Almeida.

2. Enquanto a história é contada, vai-se protegendo a margarida, conforme as tentativas da Menina. (primeiro coloca-se a roupinha, após a caixa e por fim o beijo). *Recursos*: desenho e recorte da roupinha, da caixa e do beijinho, que serão anexados sobre o boneco da margarida com fita durex.

3. Solicita-se que os alunos prestem bastante atenção nas tentativas que a Menina faz a fim de auxiliar a Margarida.

EXPLORAÇÃO

1. O professor fotocopia as ilustrações do livro, retirando o texto. Com cada uma das ilustrações, elabora uma ficha em meia folha de papel ofício no qual será colada a ilustração. Após, distribui, fora de ordem, uma ficha para cada criança (Parte da turma terá ficha e parte não).

Os alunos que tiverem recebido as fichas serão convidados a virem à frente da sala. Eles mostrarão as ilustrações para os colegas que ficaram sentados e estes os orientarão, a fim de colocarem as ilustrações na ordem em que aparecem na história, retomando a estrutura narrativa.

No momento em que a turma entrar em acordo de que as ilustrações estão obedecendo à ordem que aparecem no livro, cada aluno que está com uma ficha, narrará uma parte da história da Margarida, com suas próprias palavras.

2. Através de um questionário oral ou por escrito, dependendo do desenvolvimento cognitivo da classe ou dos interesses do professor.
Sugestões de questões:
a) Qual o problema que a margarida enfrentava?

b) Quais foram os personagens que tentaram ajudá-la? Como eles tentaram auxiliá-la?
c) Por que o frio não passava nunca?
d) Você já sentiu frio alguma vez? O que fez para que ele passasse?
e) Você já ajudou a diminuir o frio na vida de alguém?
f) Beijos são capazes de aquecer as pessoas? Por quê?

EXTRAPOLAÇÃO

1. Cada aluno desenhará uma flor. Deverá fazer uma carinha no miolo e dar-lhe um nome e uma característica. Por exemplo: Luana simpática, Zulmira triste, Joana alegre, etc.
2. Após, as flores serão apresentadas aos colegas, usando o mesmo recurso da motivação (elas mesmas se apresentarão e contarão sobre suas vidas). Após, professores e alunos construirão um mural em forma de jardim, no qual serão "plantadas" todas as flores, junto com a margarida friorenta.

Recurso e material: Cartolina, cola, tesoura e papéis de várias cores, papel pardo.

Fonte: ALMEIDA, Fernanda Lopes de. *A margarida friorenta*. São Paulo:Ática, 1998.

ROTEIRO 3 (para livro infantil: fábula): *A formiguinha e a neve*, reconto de João de Barro.

Breve apresentação do livro para orientação do professor: A fábula *A formiguinha e a neve* trata das dificuldades que uma formiga encontra para sobreviver quando fica presa na neve. Muitos passam por ela, mas são incapazes de auxiliá-la. O texto fala da necessidade de solidariedade, assim como apresenta, de forma simbólica, a temática da morte.

MOTIVAÇÃO

Material necessário: folha de ofício e canetinhas coloridas

1. Construir com as crianças uma casinha de dobradura
2. Pedir que desenhem e pintem a casinha.
3. Após, dizer às crianças que quem mora na casinha que eles acabam de construir é uma formiguinha, muito legal e muito sim-

pática. A casinha dela fica num lugar em que, quando é inverno, faz muito frio e cai muita neve.

4. Com bolinhas de algodão, decorar o telhado da casa da Formiguinha.

5. Solicitar que cada criança desenhe a formiguinha dentro da sua casinha, protegida do frio e da neve. Desenhá-la e o que ela está fazendo.

6. Por fim, em círculo, cada criança mostra sua formiguinha aos colegas e diz o que ela está fazendo.

LEITURA

1. Após as apresentações, o professor apresenta o reconto da fábula *A formiguinha e a neve*, dizendo que irá contar a história da formiguinha e as dificuldades por que ela passou, quando a neve caiu.

EXPLORAÇÃO

1. Sempre é interessante, após a leitura, abrir espaço para que as crianças se coloquem em relação ao texto. Cabe ao professor, no entanto, em um segundo momento, orientar a discussão para alguns pontos que julgue pertinentes e que enfoquem diferentes níveis de leitura: compreensiva, interpretativa, opinativa, além de possibilitar que o aluno analise o texto a partir de suas experiências.

Sugestões de questões:

a) Qual o problema que a formiguinha enfrentou ao sair para o seu trabalho?
b) Para quem ela pediu ajuda?
c) Por que vários seres que passaram não puderam ajudá-la?
d) Quem salvou a formiguinha?
e) Você já viveu alguma situação semelhante a da formiguinha?

2. Criar um episódio anterior à chegada da Primavera, colocando um outro personagem diante da Formiguinha. Como ele agiria? Por que ele não conseguiria auxiliá-la?

EXTRAPOLAÇÃO

1. Imaginem que, após ser salva pela Primavera, a formiguinha pôde retornar para casa e ela recebeu a visita de um dos outros per-

sonagens da história. Desenhe-o dentro da casinha da formiguinha. O que eles fizeram juntos?

2. Durante a história, sempre aparece alguém mais forte. Reler passagens do texto. Depois solicitar que os alunos criem versos tendo por base a expressão "Mais forte do que eu é..........................que..........................." (As novas personagens que falarão podem ser retiradas de algum núcleo temático que esteja sendo trabalhado).

- Água
- criança
- flor
- céu
- lua

3. As crianças apresentam seus versinhos, ilustrados em folha de ofício. Pode ser montado um painel na aula.

4. No livro, a neve representa as dificuldades da vida. O que nos dias de hoje pode ser "neve" na vida de uma criança?
Recortar de jornais e/ou revistas imagens e palavras que representem NEVE e SOL na vida das crianças hoje. Após, criar cartazes opondo ambos.

Fonte: BARRO, João de. *A formiguinha e a neve*. Rio de Janeiro: Moderna, 1996.

Roteiro 4 (para livro juvenil): *Letras finais*, de Luís Dill

Breve apresentação do livro para orientação do professor: *Letras finais* narra a história de Oswaldo, um garoto tímido, que enfrenta a perda do irmão e é meio tímido em virtude de estar acima do peso. Apaixonado por Amanda, colega de escola, ele resolve emagrecer. Para tal, vai ao supermercado comprar produtos diet. Todavia, é sequestrado por engano e viverá no limite entre vida e morte. Escrito em capítulos curtos, o livro traz uma mensagem cifrada que, se descoberta, revela ao leitor as letras finais do livro, ou seja, o que aconteceu com Oswaldo após o sequestro.

MOTIVAÇÃO

1. Solicitar que os alunos realizem uma produção textual que inicie com a seguinte frase: "Vou morrer". Tal frase deve estar sendo dita por um(a) adolescente. Quem seria ele? O que o(a) levou a pronunciar afirmação tão forte?

2. Após a realização da produção, a turma deve ser dividida em pequenos grupos (no máximo cinco alunos). Cada aluno lerá sua produção para o pequeno grupo que, após, escolherá aquele que julgar mais criativo e mais bem elaborado narrativamente.

3. Os textos selecionados por cada grupo, serão lidos para a turma toda que, entre eles, selecionará apenas um.

4. O texto será afixado no mural da sala ou copiado para cada um dos alunos, que deverão criar uma ilustração de capa, caso aquela história fosse um livro.

5. Organizar um varal na sala em que as ilustrações ficarão expostas.

6. Após, o professor apresenta o livro *Letras Finais*, de Luís Dill, destacando que o livro narrará a história de um menino, Oswaldo, e que o livro começa com a mesma frase: "Vou morrer".

LEITURA

1. Os adolescentes deverão ler o livro, estabelecendo relações entre as ações do protagonista do texto da turma e o do livro: Oswaldo, percebendo em que medida o personagem criado pelo escritor Luís Dill tem semelhanças com o criado pelo colega de turma em relação aos motivos pelos quais acredita que morrerá. O destino dos dois foi semelhante?

2. Alertar aos alunos que o livro, em sua estrutura, possui uma mensagem cifrada, um enigma a ser descoberto, através de alguns números espalhados pelas páginas. Desafiá-los para ver quem soluciona o enigma primeiro.

LEITURA E EXPLORAÇÃO (aqui, achei interessante que a leitura fosse sendo feita aos poucos e o professor já fosse aplicando algumas atividades de exploração, a fim de perceber os diferentes níveis de leitura do texto).

1. Ler até o capítulo 20. Montar pequeno painel em folha de cartolina ou ofício, em que deverão ser colados objetos e palavras que estejam relacionados com os sentimentos que Oswaldo experiencia nestes primeiros capítulos.

2. Apresentação para a turma e exposição das expectativas em relação à história.

3.Ler até o capítulo 40. Elaborar, a partir das impressões de Oswaldo sobre Amanda, um retrato da menina. O mesmo deverá ser feito usando apenas uma cor. Tal cor deverá representar também o sentimento de Oswaldo naquele momento em relação à garota pela qual está apaixonado.

4.Conclusão da leitura extraclasse.

5.Atividades reflexivas individuais. Questões de compreensão e interpretação.
Sugestões:
a) Analise a postura de Oswaldo em relação a si mesmo. Como ele se via? Como ele julgava que os outros o viam? Justifique com alguma atitude sua no decorrer do texto.
b) Como era a relação de Oswaldo com seu irmão? Você acredita que Oswaldo conseguiu, de certa forma, retomá-la?
c) Você já passou por alguma situação como a que Oswaldo enfrentou em relação à perda do irmão e ao Armando? Como solucionou-a?
d) Quando estava no cativeiro, Oswaldo enfrentou algumas dificuldades. Quais são os principais "cativeiros" que dificultam a vida do jovem hoje?

EXTRAPOLAÇÃO

1. Criação de roteiros de vídeo (ficção ou documentário) que tenha como tema os cativeiros em que os jovens vivem presos hoje: drogas, violência, bullying, etc.

2. Após realização dos vídeos, organizar encontros em que esses vídeos possam ser mostrados a alunos de séries anteriores, realizando sessões comentadas pelos próprios autores do vídeo.

Fonte: *Letras finais*, Luís Dill, Editora Artes e Ofícios, 2005.

Roteiro 5 (para livro juvenil): *Meu pai não mora mais aqui*, de Caio Riter

Breve apresentação do livro para orientação do professor: *Meu pai não mora mais aqui* é escrito em forma de diário. Dois diários adolescentes: o de Letícia, cujos pais estão se separando; e o de Tadeu, cuja maior preocupação é ficar com todas as garotas do colégio. Isso, apenas até o momento em que as vidas dos dois se cruzam e que Tadeu vai passar pela dor da morte de seu pai. Cada um com suas perdas, os jovens irão se ajudar a superar as surpresas não boas que, por vezes, a vida traz.

MOTIVAÇÃO

1. Solicitar aos alunos que elaborem uma ficha, assinalando horários e atividades da rotina de um dia de suas vidas.
2. Pedir que imaginem um evento surpreendente que ocorra em seu dia e que rompa com a rotina.
3. Escrever uma página de diário, relatando o ocorrido e como isso alterou sua rotina.
4. Cada aluno lerá sua página de diário.
5. O professor apresenta o livro *Meu pai não mora mais aqui*, dizendo que ele apresenta dois diários: o de Tadeu e o de Letícia.

LEITURA

A leitura deverá ser realizada, observando-se as mudanças que ocorrem com os protagonistas no decorrer da história e como eles superam as crises em que se veem envolvidos.

LEITURA E EXPLORAÇÃO

1. Após a leitura de metade do livro, elaborar um esquema simbólico que represente cada um dos protagonistas. Tal atividade pode ser de-

senvolvida individualmente ou em pequenos grupos. Como exige maior abstração de leitura, a organização em pequenos grupos torna-se mais interessante em virtude das possibilidades de trocas que suscita.

Esquema simbólico: desenho de alguma forma ou objeto que represente o personagem, dando conta de caracteres psicológicos e/ou físicos mais relevantes. Para tal, devem ser usados palavras ou elementos visuais.

2. Em círculo, cada pequeno grupo apresenta seu esquema.
3. Alunos serão desafiados a propor sugestões para o desenrolar da trama na segunda metade do livro, ou seja, apontar de que forma julgam que os destinos de Letícia e de Tadeu se cruzarão.
4. Após leitura integral do livro, algumas sugestões de questões:
a) Quais as principais diferenças no modo como os dois jovens escrevem seus diários? Quais são suas motivações, além do pedido da professora?
b) Em que medida ambos amadurecem no decorrer da narrativa e em que aspectos as perdas que eles sofrem contribuem para seus amadurecimentos?
c) Como o amor é visto por Tadeu e por Letícia? Algum deles muda seu posicionamento no decorrer da história? E para você o que é amar?

5. Solicitar que os alunos elaborem um quadro comparativo entre Letícia e Tadeu, tendo como foco o modo como eles se relacionam com os demais adolescentes do livro: Cau, Pedro Henrique, Marina, Larissa, Juliana, Vanessa, Bel.

6. No livro, há momentos em que os personagens pensam em si ou no outro, a partir dos significados de seus nomes:
Letícia: alegria   **Tadeu**: o corajoso, o confessor, o amável
6.1. Em que sentido, na sua leitura, tais significados representam, de fato, os protagonistas e suas posturas diante da vida e dos problemas?
6.2. Pesquise, caso não saiba, o significado de seu nome e diga em que medida ele representa você.

Sugestão: *Dicionário de nomes próprios*, de Camille Vieira da Costa. São Paulo: Traço Editora.

7. Elabore um caça-palavras, usando os nomes dos personagens do livro. Os caça-palavras serão trocados e cada aluno jogará com o de um colega.

EXTRAPOLAÇÃO

1. Quando, no livro, a professora solicita que cada aluno crie um diário, todos fazem. Porém, o leitor só tem acesso aos diários de Letícia e de Tadeu, embora saiba, por exemplo, que o Cau também escreveu um e que lá há algumas revelações. Crie uma página do diário do Cau. Que revelações ele terá feito?

2. No final da história, Tadeu elabora seu discurso de formatura em forma de música. Solicitar aos alunos que criem paródias musicais em que exponham suas visões de mundo sobre a adolescência. Caso o livro seja trabalhado com turmas de final de ciclos, pode-se pedir que criem discursos musicais.

A apresentação pode ser em forma de festival, podendo, antes, o professor apresentar um histórico do que eram os festivais de música da década de 60, mostrando aos alunos, inclusive, vídeos da época.

Obs.: Em uma paródia musical, mantém-se o ritmo da melodia e se escreve uma nova letra.

Fonte: *Meu pai não mora mais aqui*, de Caio Riter, Editora Biruta, 2008.

Roteiro 5 (para livro juvenil: clássico): *Viagem ao centro da terra*, de Júlio Verne

Breve apresentação do livro para orientação do professor: Este clássico de Júlio Verne é uma história de aventura, que inicia quando o professor Lindebrock acha um documento antigo em um livro e, com a ajuda de seu sobrinho, Axel, desvenda o enigma: um mapa que possibilitaria chegar ao centro da Terra. Assim, com a ajuda de Hans, seu guia, iniciam uma viagem extraordinária para as profundezas do planeta. Ambos, guiados pelo mapa do Conde Saknussem, descobrirão um novo mundo e enfrentarão muitos perigos.

A história é contada pelo jovem Axel que tenta ao longo da narrativa explicar e contestar as loucuras do tio. O interessante deste livro é que ao mesmo tempo que tudo nele parece impossível, a história em si parece muito real; os personagens durante o romance sempre encontram explicação para tudo.

MOTIVAÇÃO

1. Escrever no quadro a palavra VIAGEM.
2. Pedir que os alunos citem lugares diferentes ou exóticos que gostariam de conhecer.
3. Dizer aos alunos que um cientista, ao enveredar numa busca, perdeu-se, mas deixou um mapa. Em grupos deverão desenhar o mapa que os levará ao lugar onde o cientista se perdeu.
4. Cada grupo apresentará seu mapa e a história do cientista, devendo caracterizá-lo e dar-lhe um nome.
5. Indicar a leitura do livro: *Viagem ao centro da Terra*.

LEITURA E EXPLORAÇÃO

1. Solicitar que os alunos leiam o livro, observando as descobertas que Axel e seus amigos fazem. Elaborar, num caderno, o diário de leitura, com comentários sobre os avanços da expedição.

2. Sugerir, caso os alunos fossem diretores de cinema, que atores escalariam para viver os papéis dos personagens? Elaborar pequeno portfólio com fotos dos artistas e os motivos da escalação de cada ator.

3. Pedir que os alunos observem, em jornais e revistas, que buscas a ciência têm feito hoje. Que questões incomodam os cientistas do século XXI? Caso Saknussem vivesse hoje, em que expedição se envolveria?

Obs.: O professor pode, também, organizar debate a partir de questões mais específicas sobre o livro, a fim de destacar aspectos que julgue interessante refletir.

EXTRAPOLAÇÃO

A partir das ideias anteriores, criar uma nova viagem e fazer registros através de diário.

Sugestões:
Viagem ao Planeta Marte
Viagem dentro do corpo humano
Viagem ao mundo genético

Fonte: *Viagem ao centro da Terra*, de Júlio Verne. Editora Ática, 1999.

PALAVRAS FINAIS

QUIS, NESTE LIVRO, PARTILHAR ALGUMAS EXPERIÊNCIAS MINHAS DE LEITURA, quer na minha formação como leitor, quer como professor que se sente responsável por despertar em corações infantojuvenis o desejo pela leitura. Acredito na palavra literária como formadora de cidadãos críticos, de pessoas melhores. Acredito também que a escola tem papel relevante neste sentido, já que há ainda no Brasil muitos lares nus de livros e de leitura. Assim, a busca por uma metodologia lúdico-reflexiva, os tais roteiros de leitura, se tornam ferramentas úteis e facilitadoras do professor na construção de uma prática docente que possa atingir, com maior precisão, o objetivo de formar seres necessitados de leitura.

Espero que estas reflexões e estas ideias, que não se pretendem totalizadoras e únicas, possam ser apoio na construção de uma metodologia mais eficaz na formação do leitor literário.

BIBLIOGRAFIA

ABRAMOVICH, Fanny. *Literatura infantil:* gostosuras e bobices. São Paulo: Scipione, 1989.

ALMEIDA, Fernanda Lopes de. *A margarida friorenta*. São Paulo:Ática, 1998.

AMARILHA, Marly. *Estão mortas as fadas?* Literatura infantil e prática pedagógica, 7ªed. Rio de Janeiro: Vozes, 1997.

AZEVEDO, Ricardo. *Formação de leitores e razões para a literatura*. Caminhos para a formação do leitor. In: SOUZA, Renata Junqueira de (org.). São Paulo: DCL, 2004, pag. 38 a 47.

BARRO, João de. *A formiguinha e a neve*. Rio de Janeiro: Moderna, 1996.

BETTELHEIM, Bruno. *A psicanálise dos contos de fadas*. Rio de Janeiro: Paz e Terra, 1980.

BOJUNGA, Lygia. *Livro: um encontro com Lygia Bojunga*. Rio de Janeiro: Casa Lygia Bojunga, 2005.

CALVINO, Ítalo. *Por que ler os clássicos*. São Paulo: Cia das Letras, 1993.

COELHO, Nelly Novaes. *Literatura Infantil:* teoria, análise,didática. São Paulo: Moderna, 2000.

COLASANTI, Marina. *Fragatas para terras distantes*. São Paulo: Record, 2004.

CORSO, Diana. CORSO, Mario. *As fadas no divã*. Porto Alegre: Artmed, 2004.

DILL, Luís. *Letras finais*. Porto Alegre: Artes e Ofícios, 2005.

FRANTZ, Maria Helena. *O ensino da literatura nas séries iniciais*. 2ªed. Ijuí: Editora Unijuí, 1998.

FURNARI, Eva. *Você troca*. São Paulo: Moderna, 1992.

ISER, Wolfgang: *O Fictício e o Imaginário* – Perspectivas de uma Antropologia Literária. Rio de Janeiro: EDUERJ, 1996.

LOBATO, Monteiro. *Reinações de Narizinho*. São Paulo: Brasiliense, 1992.

MACHADO, Ana Maria. *Como e por que ler os clássicos universais desde cedo*. Rio de Janeiro: Objetiva, 2002.

MEIRELES, Cecília. *Problemas de literatura infantil*. Rio de janeiro:Nova Fronteira, 1984.

MIGUEZ, Fátima. *Nas arte-manhas do imaginário infantil:* o lugar da literatura na sala de aula. 3ªed. Rio de Janeiro: Zeus, 2003.

QUEIROZ, Vera. SANTOS, Roberto Corrêa dos. *Linhas para o ensino da literatura*. In.: BARBOSA, Márcia Helena Saldanha. BECKER, Paulo. *Questões de literatura*. Passo Fundo: Editora da UPF, 2003, pag. 85 a 91.

RITER, Caio. *Eduarda na barriga do Dragão*. Porto Alegre: Artes e Ofícios, 2006.

RITER, Caio. *Meu pai não mora mais aqui*. São Paulo: Biruta, 2008.

SANDRONI, Laura. MACHADO, Luiz Raul (org.) *A criança e o livro*. 3ª ed. São Paulo, Ática, 1991.

TRINGALI, Dante. *A arte poética de Horácio*. São Paulo: Musa Editora, 1993.

VERNE, Julio. *Viagem ao centro da Terra*. São Paulo: Ática, 1999.

SOBRE O AUTOR

  Caio Riter nasceu em Porto Alegre, onde mora até hoje. É professor, mestre e doutor em Literatura Brasileira. Autor de vários livros, com os quais recebeu algumas distinções literárias, como os prêmios Açorianos, Barco a Vapor, Orígenes Lessa e Selo Altamente Recomendável, entre outros.
  Formado em Jornalismo e em Letras, ministra aulas no ensino fundamental e médio, desde 1987, atuando também como professor universitário em cursos de graduação e de pós-graduação.
  Participa como palestrante em cursos de capacitação de professores em várias cidades do Rio Grande do Sul, momento bastante rico de troca e de aprendizagem. Todavia, com certeza, ser professor, estar em contato diário com adolescentes, sempre foi e será a melhor escola.
  site: www.caioriter.com
  blog: www.caioriter.blogspot.com